Theodor von Sickel

Beiträge zur Diplomatik

Theodor von Sickel
Beiträge zur Diplomatik
ISBN/EAN: 9783744638807
Hergestellt in Europa, USA, Kanada, Australien, Japan
Cover: Foto ©ninafisch / pixelio.de

Weitere Bücher finden Sie auf **www.hansebooks.com**

BEITRÄGE ZUR DIPLOMATIK

IV.

DIE MUNDBRIEFE, IMMUNITÄTEN UND PRIVILEGIEN

DER

ERSTEN KAROLINGER

BIS ZUM JAHRE 840

VON

Dr. TH. SICKEL

WIEN

AUS DER K. K. HOF- UND STAATSDRUCKEREI

IN COMMISSION BEI KARL GEROLD'S SOHN, BUCHHÄNDLER DER KAISERLICHEN AKADEMIE
DER WISSENSCHAFTEN

1864

Bischöfliche und kirchliche Privilegien der Merovingerzeit.

Wie die Beziehungen der Klöster zu der weltlichen Gewalt durch die Diplome geregelt werden, von denen ich in den vorausgehenden Abschnitten [1]) gehandelt habe, so werden ihre Beziehungen zu der geistlichen Gewalt der Bischöfe durch Urkunden geordnet, welche nach dem älteren Sprachgebrauche regelmässig privilegia heissen. Da sie häufiger unter dem ersten Herrschergeschlecht ertheilt sind als unter dem zweiten, muss ich hier zur Erklärung der Privilegien der Karolingerzeit auch die der Vorzeit herbeiziehen.

Nach kirchlichem Herkommen stand den Bischöfen ein Aufsichtsrecht über alle geistlichen Anstalten und Personen ihrer Sprengel, ja auch ein Dispositionsrecht über alles kirchlichen Zwecken gewidmete Vermögen zu; beide Rechte übten sie auch über die Klöster ihrer Diöcesen aus. So lange aber die Ausübung dieser Rechte noch nicht genügend durch kanonische Satzungen geregelt war, entstanden leicht Conflicte, namentlich zwischen den Bischöfen und den Klöstern, denen bald durch die Zwecke der Stiftung, bald durch die Bestimmungen der Ordensregeln eine besondere Stellung angewiesen

---

[1]) Sitzungsberichte der phil.-hist. Classe, LXVI. Band, IV. Heft, S. 175 ff. (Sickel.)

war. Im Morgenlande wurden, solchen Streitigkeiten vorzubeugen, die Klöster vielfach nicht den Bischöfen, sondern den Patriarchen untergeordnet. Ähnlich in Afrika, wo, als im Beginn des VI. Jahrhunderts zwischen dem Bischof Liberius und dessen Metropolitan Bonifacius ein Streit über die Stellung eines Petersklosters ausgebrochen war, ein in Carthago abgehaltenes Concil zu Gunsten des Primas und des Klosters entschied [1]). Trat am Ausgange desselben Jahrhunderts auch der römische Bischof Gregor I. einigemal für die Interessen aller Klöster oder einzelner im besonderen den Diöcesanbischöfen gegenüber ein, so wirkte dies doch damals auf die Entwickelung dieser Verhältnisse in der abendländischen Kirche wenig ein [2]).

Auch in Gallien war von jeher den Bischöfen souveräne Gewalt über ihre Sprengel eingeräumt und speciell waren ihnen weitgehende Befugnisse den Klöstern gegenüber durch die Synoden von Orleans a. 511, zu Epaon a. 517, wiederum zu Orleans a. 533 und 538 und zu Arles a. 534 zuerkannt [3]). Als nun in den nächstfolgenden Jahrhunderten die Mehrzahl der fränkischen Bisthümer in die Hände sehr weltlich gesinnter Männer kam, die ihren Sprengeln und deren Interessen fremd sich durch Habsucht und Gewaltthätigkeiten hervorthaten [4]), blieb auch der Missbrauch der Gewalt über die Klöster nicht aus und führte zu den ärgsten Bedrückungen, hie und da zur Vernichtung der klösterlichen Institute. Gegen diese Gefahren suchten nun die Mönche Schutz bei einzelnen besseren Gliedern des Epis-

---

[1]) Thomassin vetus et nova ecclesiae disciplina, pars 1, lib. 3. — Mabillon annales 1, 42. — Planck Geschichte der christl. kirchl. Gesellschaftsverfassung 2, 476. — Muntag Geschichte der deutschen staatsbürgerlichen Freiheit 2, 205.

[2]) Vgl. Jaffé Nr. 834, 906—908, 1090, 1121, 1138, 1154, 1268, 1490, 1492—4; mehrere dieser Urkunden, so besonders die drei letzten, erregen jedoch Verdacht. — Nur in einem unechten Privilegium für Neucorvey (Erhard cod. dipl. Nr. 34) wird einmal auf die sanctiones b. Gregorii hingewiesen.

[3]) Rettberg 2, 671. — Eine Zusammenstellung der betreffenden Beschlüsse der fränkischen Synoden bis zum J. 881 gibt Launoy in der assertio inquisitionis in chartam immunitatis monasterii S. Germanensis, Paris 1658, p. 56 sequ.

[4]) In einer Formel dieser Zeit, Rozière 573 = Baluze m*. 38 heisst es: solet contingere ut ... pastoralem curam suscipiant saeculares, et rebus que pauperibus fuerunt condonate malus per gasindus quam per sacerdotes dispergatur, et ecclesiastica vita neclecta copiata bonorum magis per venatores et canis et, quod et gravius, per meretrices expendantur, vel religionis norma distructa levitate laicorum secularia insuate consentiant, et per eorum iniqua consilia monacorum vita conturbare praesumant etc.

copats, auf Synoden oder auch bei den Königen; sie suchten um Privilegien nach, die, wenn auch später gemeiniglich als Exemtionen bezeichnet, doch keineswegs von der ordnungsmässigen Gewalt der Bischöfe befreien, sondern nur Sicherung gegen die Missbräuche dieser Gewalt gewähren sollten. Ein Präcedenzfall, noch älter als jener aus der afrikanischen Provinz, lag auch in Gallien schon aus vorfränkischer Zeit vor. Beschwerden des Abtes Faustus von Lirins gegen den Bischof Theodorus von Fréjus führten auf einer um die Mitte des V. Jahrhunderts in Arles abgehaltenen Synode zu einer dem Kloster günstigen Entscheidung, auf welche auch jenes Concil von Carthago hinweist und welche dann besonders in der fränkischen Kirche für die Ordnung dieser Verhältnisse massgebend wurde. Lirins und einige andere Stifter wurden in dieser und anderer Hinsicht Musterklöster, deren Norm auf andere Stiftungen übertragen wurde. Am häufigsten begegnet man in den betreffenden Urkunden, ausser dem Hinweise auf die Beschlüsse der Synode von Carthago, auf die Schrift des Augustinus de moribus clericorum [1]) und auf das Vorbild von Lirins, der Berufung auf die Stellung von Agaunum (S. Moriz im Wallis), Luxueil u. S. Marcel lez Châlons. Die Privilegien dieser drei Musterklöster sind allerdings nicht auf uns gekommen [2]). Aber hingewiesen auf sie wird sehr oft, zum ersten Male in der königlichen Urkunde für Resbach, Pard. Nr. 270 vom J. 635 [3]), in der es heisst: quia nihil de canonica auctoritate convellitur, si aliquid ut diximus domesticis fidei pro tranquillitate pacis conceditur, nec nobis aliquis detrahendo aestimet in id nova decernere, dum ab antiquis iuxta constitutiones pontificum per regalem sanctionem monasteria sanctorum Agaunensium Lirinensium Luxoviensium immoque et

---

[1]) So u. a. in Pardessus Nr. 333, während anderwärts wie in Pard. Nr. 345 de gradibus ecclesiasticis citirt wird.

[2]) Die ältere Geschichte von Agaunum stellt am besten dar Derichsweiler Gesch. der Burgunder 83; die Unechtheit der Urkunde Sigismunds Pard. Nr. 103 ist in Launoy l. c. 491 und in Pardessus prolegom. 23 dargethan. — Für Luxueil konnte auch Mabillon die betreffende Urkunde des Bischofs von Besançon nicht nachweisen; statt ihrer führt er (ann. 1, 382 a. 689 = Pard. Nr. 299 = Jaffé spur. 278) eine Bulle des P. Johannes IV. von 641 an, die aber entschieden unecht ist. — Die einzige Urkunde für S. Marcel aus Merovingerzeit Pard. Nr. 101 bezieht sich nicht auf diese Verhältnisse.

[3]) Der Hinweis auf Luxueil in der um vier Jahre älteren Urkunde Pard. Nr. 254 bezieht sich nur auf die in Luxueil geltende Ordensregel.

monachi d. Marcelli sub libertatis privilegio videntur consistere. Seitdem wird auch Resbach, zuerst 659 in Pard. Nr. 333, als solches Musterkloster angeführt.

Es ist schwer zu sagen, welches das älteste derartige bischöfliche Privilegium ist, da die auf uns gekommenen zumeist später Überarbeitungen erfahren haben und die Echtheit derselben vielfach und mit Recht bestritten worden ist [1]). Unbedenklich, wenn auch sprachlich emendirt, ist die Urkunde des Bischofs Burgundofaro für Resbach, Pard. Nr. 275, a. 636. Gegen die Mitte des VII. Jahrhunderts wird die Privilegienertheilung durch Bischöfe häufiger. Da heisst es z. B. in Pard. Nr. 333: sed et in his provinciis plura alia regalia monasteria tam antiquiore tempore quam nuper constructa a pontificibus in quorum territoriis condita sunt gratia religionis et caritatis privilegia acceperunt. Und dass sich bereits ein bestimmter Inbegriff von Rechten, welche durch Privilegien ertheilt oder gesichert wurden, herausgebildet hatte, beweist nicht allein jene Berufung auf Norm bietende Klöster, sondern auch Wendungen wie in Pard. Nr. 344 a. 662: sub ea ut diximus libertate sicut plurima monasteria et monachi ibidem consistentes. In der Regel sind es die Mönche welche den Diöcesanbischof um Ausstellung eines Privilegs und andere Bischöfe um Bürgschaft für dasselbe durch ihre Unterschrift angehen (Pard. Nr. 333, 335 u. a.); in anderen Fällen (Pard. Nr. 345, 355) sind es die Stifter der Klöster. Ja nun geschah es dass diejenigen, welche ihr Gut der Kirche für den speciellen Zweck der Gründung von Klöstern schenkten, es gleich zur Bedingung machten, dass der Bischof das ihm sonst zustehende Dispositionsrecht nicht ausüben solle [2]). In dem ersten Testamente des Abtes Widerad für Flavigny (Pard. Nr. 514) finden wir ganz dieselben Bestimmungen, wie sonst in bischöflichen Privilegien; dass sie aber erst durch den Consens des Diöcesanbischofs Giltigkeit erlangten, ergibt sich aus dem zweiten Testamente desselben (Pard. Nr. 587). Dem entsprechen die Formeln für Fundationsurkunden Rozière 571, 572 (Marculf 2, 1 und Baluze maior. 37): in jener wird bestimmt, dass das Kloster bestehen soll remota pontificum simulque ecclesiasticorum omnium officialium potestate, und die Bischöfe werden

---

[1]) Siehe Pard. Nr. 172, 226 u. a. und die Anmerkungen dazu.
[2]) Roth Beneficialwesen 272. — Montag 2, 225.

beschworen den Willen des Stifters zu achten; in der andern aus dem Burgundenreiche stammenden Formel wird wiederholt die Zustimmung des Ortsbischofs zu den den Privilegien entsprechenden Bestimmungen erwähnt. Auch die Könige nun können in der Eigenschaft als Fundatoren oder als mitconcurrirende Stifter Klöstern privilegienähnliche Urkunden ertheilen, wobei gleichfalls der Consens des Bischofs vorausgesetzt wird. Häufiger aber geschieht es, dass sie schon von Bischöfen gegebene Privilegien, die aber der Nichtachtung durch die Nachfolger im Episcopat ausgesetzt waren, durch ihre königliche Autorität bekräftigen [1]). Auch diese beiden Arten königlicher Urkunden, die sich in Inhalt und Fassung sehr nahe stehen, heissen in jener Zeit Privilegien. Das älteste zuverlässige Beispiel von königlichem Privilegium bietet die schon genannte Urkunde für Resbach dar. Und nur um wenige Jahre jünger ist das älteste auf uns gekommene Original derartigen Diploms von Chlodwig II. für S. Denis von 653 (Pard. Nr. 322, besser in Tardif Nr. 11). Aus ihm lernen wir sehr gut den wohl normalen Hergang bei Privilegienertheilung kennen. In der königlichen Bestätigung wird nämlich erzählt: nostra peticio fuit ut apostolicus vir Landericus Parisiaci aecclesie episcopus privilegio ad ipsum sanctum locum abbati vel fratrebus ibidem consistentibus facere vel confirmare pro quiite futura deberit, ... hoc ipse pontefex cum suis quoepiscopis iuxta peticionem devocionis nostra plenissemam voluntatem prestitisse vel confirmasse dinuscitur. Und nachdem nun der Bischof sein Privilegium ertheilt [2]), verkündet der König: iuxta quod per supradictum privilegium a pontefecebus factum et prestetum est, ... per hanc auctoretatem iubemus. Aber es geschieht auch umgekehrt, dass der König, wo er als Mitstifter erscheint, zuerst sein königliches Privilegium ausstellen lässt und erst nachträglich auf Bitten des Königs die bischöfliche Urkunde ertheilt wird: so verhält es sich mit den Resbacher Privilegien Pard. Nr. 270 und 275.

---

[1]) In Roz. 576 wird von dem Grossvater des urkundenden Königs gesagt: ipse per suae potestatis auctoritatem eidem monasterio firmius privileglum concessit. — Zu weit geht Marcu, wenn er (de concordia sacerdotii et Imperii lib. 3 cap. 16) annimmt, dass die Zustimmung des Königs zu den Privilegien erforderlich gewesen sei. B. 1762 für S. Apre in Toul vom J. 869 gestattet den Mönchen, falls ihr Privilegium verletzt wird, in erster Linie die Hilfe des Metropoliten, in zweiter die des Königs anzurufen.

[2]) Das nicht auf uns gekommen ist, denn Pard. Nr. 320 ist ein späteres Machwerk.

Über die Bedeutung der Privilegien dieser Zeit im Allgemeinen herrscht nur éine Meinung[1]): sie sollen die Klöster nicht, wie es später geschieht, von der kanonisch feststehenden Jurisdiction des Diöcesanbischofs eximiren (nihil de canonica institutione convellitur), sondern nur die Gewalt des Bischofs auf die gesetzlichen Schranken zurückführen und gegen den Missbrauch derselben sicherstellen. Aber darüber zweien sich die Ansichten, welche Grenzen durch solche Privilegien der bischöflichen Autorität gezogen wurden. Wenn Thomassin z. B. die potestas rerum temporalium dem Abte allein zugesprochen sieht, so macht Planck dagegen geltend, dass auch bei so eximirten Klöstern dem Bischofe noch ein Oberaufsichtsrecht über die Temporalien zugestanden habe. Halten wir uns, um die Bestimmungen der Privilegien näher kennen zu lernen, an den Wortlaut der Urkunden.

Wir können dafür ebensowohl die bischöflichen als die königlichen Privilegien benutzen, weil diese eben in allen Fällen jene voraussetzen und zumeist in dem disporirenden Theile jenen nachgeschrieben sind. Freilich wird in den königlichen Privilegien häufig auch noch ein Passus über Immunität hinzugefügt, aber das ist, indem die Immunität nicht in nothwendiger Verbindung mit dem Privilegium steht, nur zufällige Vereinigung von zweierlei Acten königlicher Beurkundung in einem Schriftstücke[2]). Daher denn auch in anderen Fällen, wie bei S. Denis und Farfa, Immunität und Privilegium in getrennten Urkunden verliehen werden. Wir sind also berechtigt, hier von den auf Immunität bezüglichen Stellen abzusehen, und sobald wir das thun sind sich bischöfliche und könig-

---

[1]) S. auch Richter Kirchenrecht 4 Ausg. §. 132.
[2]) Die auf die Immunität bezüglichen Sätze werden eingeleitet in Pard. 270 durch adiicientes, in Roz. 575 durch illud nobis placuit addendo, und ähnlich in anderen Stücken. — Allerdings finden sich auch in einem bischöflichen Privilegium abweichender Fassung, Pard. Nr. 435 u. 696 aus Original, königlichen Immunitäten entlehnte Wendungen, nämlich: nec ad causas audiendum nec ... exigendum nec mansionis aut pastus aut paratas vel quemlibet reddebucionem requerendum nec hominis ipsius distringendum nec de rebus eorum quicquam minuendum penitus non praesumat habere ingressum — das wird aber nicht den weltlichen Obrigkeiten untersagt, sondern dem Bischofe, den Archidiakonen u. s. w., es handelt sich also auch nicht um Immunität, über die der Bischof nichts zu verordnen hatte, sondern wie in allen Privilegien um Einschränkung der Episcopalgewalt über das Kloster, und es ist dafür hier nur von dem Schreiber ein sonst in Immunitäten gebräuchlicher Satz angewandt.

liche Privilegien dem Inhalte nach gleich. — Und weil Resbach, wie schon erwähnt, seit Mitte des VII. Jahrhunderts mit unter den Musterklöstern aufgezählt wird, können wir, um den Inhalt der Privilegien festzustellen, von den ihm ertheilten Urkunden um so mehr ausgehen, da die Fassung des königlichen Diploms für Resbach auch von Marculf als normale angesehen und in seine Formelsammlung aufgenommen worden ist, und da sie auch in anderen Urkunden wie Pard. Nr. 322, 355 u. a. mehr oder minder vollständig wiederkehrt.

Die Bestimmungen des königlichen Privilegs für Resbach, Pard. Nr. 270, lassen sich nun auf folgende drei Puncte zurückführen. 1. Der Bischof hat keinerlei Anrecht auf das Klostergut, welcher Art dasselbe sei, oder auf dessen Verwaltung oder auf dessen Erträgniss: ergo si qua inibi — abstollere, fast wörtlich gleich in Rozière 575, sachlich gleich in Rozière 574, Pard. Nr. 275 u. a. — 2. Der Bischof darf das Kloster nur auf Aufforderung des Abtes und nur behufs Ausübung der den Bischöfen vorbehaltenen Functionen betreten und darf bei diesem Anlasse die Mönche nicht belästigen: nec ad ipsum monasterium — accedere praesumat, fast wörtlich gleich in Rozière 575, etwas ausführlicher und mit stärkerer Betonung der Unentgeltlichkeit der bischöflichen Functionen in Rozière 574; in Pard. Nr. 275 für dasselbe Resbach mit einer gleich zu erörternden weiter gehenden Bestimmung. — 3. Bei Erledigung der Abtstelle ist der Abt von der Congregation nach der Ordensregel zu erwählen und der erwählte vom Bischof einzusetzen: et cum abbas — per omnia et ex omnibus, sachlich gleich in Pard. Nr. 275 und Rozière 574, fehlt dagegen ganz in Rozière 575.

Wenn einzelne Urkunden in ihrem Wortlaute über den der eben analysirten Stücke hinausgehen, so ist das in einigen Fällen nur stilistische, das Wesen des Verhältnisses nicht berührende Ausführung, in anderen dagegen ein wirkliches Plus von Bestimmungen und Begünstigungen. Jener Art sind hier und da begegnende Sätze, welche bestimmter, als es in den Resbacher Privilegien der Fall ist, die den Bischöfen noch verbleibenden Rechte bezeichnen. Das geschieht z. B. in Rozière 574 und ähnlich in Pard. Nr. 435, in denen, nachdem wie sonst die Ausübung der Disciplinargewalt in erster Linie dem Abt zugesichert ist, noch hinzugefügt wird, dass erforderlichen Falls pontifex de ipsa civitate cobercere debet. Dies entspricht offenbar dem allgemeinen Inhalte dieser Urkunden, welche die kanonische Gewalt der Bischöfe nicht aufheben, sondern nur einschränken sollen, und es ist daher anzunehmen, dass die beschränkte Jurisdiction auch da dem Diöcesanbischofe vorbehalten geblieben ist, wo der betreffende Zusatz fehlt und nicht etwa das Gegentheil ausdrücklich ausgesprochen wird.

Dagegen gehen andere Urkunden offenbar in der Sache selbst über das, was wir als normalen Inhalt anzusehen haben, hinaus. — Kein Privilegium dieser Zeit stösst die Regel um, dass gewisse geistliche Functionen, die sogenannten actus episcopales[1]), nur von Bischöfen verrichtet werden können, nämlich die Einweihung von Kirchen und Altären, Consecration des Chrisma, die Ertheilung der Weihen, welche denn auch zuweilen in den Formeln (Roz. 574) und Urkunden (Pard. Nr. 275) namentlich aufgezählt werden; die Privilegien wiederholen nur, was schon durch Concilbeschlüsse wie die von Orleans im Jahre 533 verordnet war, dass die Bischöfe für diese Verrichtungen keine Gebühren beanspruchen sollen. Aber in einzelnen Fällen wird nun darüber hinaus das besondere Zugeständniss gemacht, dass es den Äbten erlaubt sein soll, sich behufs Vornahme dieser Functionen an andere Bischöfe als an den Diöcesanbischof zu wenden. Indem Rettberg 2,675 diese Bestimmung nur bei solchen Klöstern bemerkt hatte, welche von britischen Glaubensboten gestiftet waren, erklärte er diese offenbare Verkürzung der Amtsrechte des Ortsbischofes dadurch, dass es in diesen Klöstern nicht leicht an Personen mit Bischofsweihen gefehlt haben werde. Und so verhält es sich in der That in einigen Fällen. Die Urkunde des Widigern für Murbach, Pard. Nr. 543, spricht das deutlich aus: cum vero necesse fuerit chrisma petire . . . rector ipsius monastirii vel peregrini monastirii ibidem consistentes aut si de se episcopum habent aut a quocumque de sanctis episcopis sibi elegerint qui hoc facere debeat, licentia sit eis expetire et ille hoc tradere. Auch Resbach gehört nach der bischöflichen Urkunde hierher, denn die Stifter hatten da monachos vel peregrinos sub regula b. Benedicti et ad modum Luxoviensis monasterii eingesetzt, und diesen wurde gleichfalls erlaubt, jene Functionen a quocumque spirituali pontifice decreverint verrichten zu lassen. Aber wenn auch

---

[1]) S. Planck 2, 74

in diesen Britenklöstern ein besonderer Grund vorlag, ihnen die weiter gehende Begünstigung zu gewähren, so ist letztere doch nicht auf solche Stiftungen beschränkt geblieben. Wenigstens findet sich in der aus Burgund stammenden Formel Rozière 573 (Baluze mai. 38), keine Andeutung, dass es peregrini seien, denen der Bischof gestattet: cum vero fuerit oportunum ecclesiam dedicare aut sacros ordines benedici vel tabulas consecrare, quemcunque de religiosis episcopis abbas ipse vel monachi sibi voluerint invocare, und ausserdem lassen sich diese Worte, wie sie denn auch in Urkunden wiederkehren, doch nicht auf dem Kloster selbst angehörige Personen mit Bischofsweihen deuten. Es handelt sich also um ein allgemeines weiteres Vorrecht, das aber am häufigsten britischen Stiftungen ertheilt sein mag.

Bezeichnet nun diese Bestimmung das Maximum dessen, was die Privilegien dieser Zeit enthalten, so steht dem auch ein hinter dem Inhalt von Pard. Nr. 270 zurückbleibendes Minimum gegenüber. Nur ist in einzelnen Fällen schwer zu sagen, ob die Nichterwähnung eines der zuvor aufgezählten drei Puncte nur eine stilistische Abweichung von der Norm der Fassung oder eine sachliche Abweichung von der Norm des Inhalts ist. Ich bemerkte schon, dass Roz. 575 die in den sonst gleichen Pard. Nr. 270 und Roz. 574 (Formel für bischöfliche Privilegien) vorkommende Bestimmung über die Abtswahl auslässt [1]). Indem aber Marculf Roz. 575 unmittelbar auf Roz. 574 folgen lässt und als concessio regis ad hoc privilegio, d. h. als Bestätigung von Roz. 574 bezeichnet, wird man die Differenz doch nur für eine stilistische halten können. Sie mag sich daraus erklären, dass die Formel für königliches Privilegium in ihrem letzten Theile in Immunitätsverleihung übergeht und dass in Folge davon der auf die Abtswahl bezügliche Passus unterdrückt wurde, oder noch allgemeiner daraus, dass in einer Zeit, in welcher Herkommen und Gewohnheitsrecht vorherrschten, dem Schreiben der Sinn für formelle Vollständigkeit und Correctheit ihrer Elaborate abging. Anders scheint es sich dagegen mit den Urkunden für S. Denis zu verhalten. Dessen erstes bischöfliches Privilegium Pard. Nr. 322 vom J. 653 (allerdings später überarbeitet und desshalb mit Vorsicht zu benutzen)

---

[1]) Ähnlich verhält sich Pard. Nr. 344 zu Roz. 574.

enthält nämlich, obschon es sich in der Fassung vielfach an die ausführlicheren Privilegien anschliesst, nur die erste Bestimmung, welche das Klostergut vor den Ansprüchen des Bischofs sicherstellen soll, und nichts über die Abtswahl. Von letzterer handelt erst die Urkunde Theodorich's von 723 (Pard. Nr. 527 aus einer Copie des XIV. Jahrh., welche in ausgezeichneter Weise die alte Rede- und Schreibweise wiedergibt) und zwar in Ausdrücken, als ob dem Kloster damit ein neues Recht verliehen werden sollte. Dann hätte also die Nichterwähnung in Pard. Nr. 322 eine wesentliche Bedeutung.

Bleiben wir gleich bei der Bestimmung über die Abtswahl stehen. Es ist hier nicht der Ort, auf alle die Fragen einzugehen, welche mit diesem Rechte zusammenhängen; aber das ist hier zu betonen, dass es sich mit dieser Bestimmung wie mit den anderen der Privilegien verhält: das Recht ergibt sich schon aus der von den meisten Klöstern befolgten Regel und ist ausserdem durch Synodalbeschlüsse (z. B. concilium Arelatense a. 451) allgemein anerkannt; dennoch pflegt auch für dieses Recht noch besondere urkundliche Zusicherung von den Bischöfen gegeben zu werden, dennoch pflegt dasselbe in den Stiftungsbriefen noch ausdrücklich stipulirt zu werden, dennoch pflegt auch dafür noch königliche Bestätigung eingeholt zu werden. Und in Electionsacten, wie in einer Wahlbestätigung von Theodorich III. von 681 (Pard. Nr. 698) wird denn auch betont, dass das Recht ausgeübt sei secundum sanctum privilegium quod supra sancto loco ex regali munificentia et sacerdotum concessione (conf. Pard. Nr. 345) indultum est. Die eben so gegen Eingriffe der Könige als gegen die der Bischöfe gerichtete Zusicherung der freien Abtswahl wird also auch als Privilegium aufgefasst und Urkunden, die nur diese Bestimmung enthalten oder doch vorzüglich nur von dieser handeln, werden gleichfalls Privilegien benannt, so Pard. Nr. 505 von Chilperich II. für S. Maur des Fossés [1]). Aber trotz des gleichen Namens werden die Urkunden so beschränkten Inhalts von den vollständigen Privilegien, von denen wir ausgegangen sind, zu unterscheiden sein.

Es erübrigt noch von der eventuellen Auslassung der zweiten Bestimmung, die wir in dem Resbacher Privilegium antrafen, zu

---

[1]) Ähnliche Fälle der spätern Zeit bespricht Rettberg 2, 673. Auch die Urkunden, durch welche die freie Wahl der Bischöfe geregelt wird, heissen privilegia, v. e. B. 342.

sprechen: begründet es einen Unterschied in der Stellung der Klöster zu ihren Diöcesanbischöfen, dass in die Mehrzahl der Urkunden diese zweite Bestimmung aufgenommen ist, in einige aber nicht? Im Grunde besagt sie doch nur, dass die Bedrückung und Belästigung des Stiftes durch die Bischöfe, gegen welche der erste Satz der Privilegien gerichtet ist, auch nicht unter dem Vorwande der Verrichtung kirchlicher Functionen stattfinden soll, im Grunde ist sie also nur eine weitere Ausführung des ersten Punctes. Insofern erscheint die Auslassung dieser zweiten Bestimmung als irrelevant. Es lässt sich dafür auch das spätere Privilegium für S. Denis, Pard. Nr. 527, anführen: da heisst es, dass dem Kloster von Alters her integrus privilegius ertheilt sei und nun wieder bestätigt werden soll, und doch findet sich hier die betreffende weitere Ausführung nicht. Und es scheint, und aus dem folgenden Abschnitte werden sich die Belege dafür ergeben, dass der Umstand ob der bezügliche Passus in den Urkunden vorkommt oder nicht, vorzüglich davon abhing, ob ältere oder jüngere Formeln bei der Redaction benutzt wurden. In den älteren Zeiten bedurften die Klöster grösserer und ausdrücklicherer Garantien gegen die Willkür der Bischöfe: daher wurde in die damaligen Formeln und Urkunden in der Regel auch die zweite Bestimmung aufgenommen; in der späteren Zeit fiel dieser Grund weg: die neueren Formeln lassen daher den betreffenden Passus aus und ebenso die Urkunden, wenn sie nicht zufällig nach älteren Formeln stilisirt wurden.

Somit reducirt sich der wesentliche Inhalt der vollständigen Privilegien, für die sich durch Herkommen eine Norm ausgebildet hat, auf zwei Hauptpuncte; daneben kommen aber auch Privilegien vor, welche nur die eine oder die andere Hauptbestimmung enthalten. Und dieser Umstand, dass je nach den besonderen Verhältnissen der Klöster ihnen eine grössere oder geringere Unabhängigkeit von der Episcopalgewalt zugesichert werden konnte, mag dazu beigetragen haben, dass schon gegen Ausgang des VII. und im Beginne des VIII. Jahrhunderts die Mehrzahl der Klöster Privilegien der einen oder der andern Art erhalten hatte, welche allerdings nicht immer respectirt wurden [1]).

---

[1]) Roth Beneficialwesen 262, N. 52. Nur S. Gallen kann wegen der Unzuverlässigkeit der Zeugnisse nicht hieher bezogen werden, wie ich in den Mittheilungen zur

Auch war damals die Ertheilung von Privilegien ebenso wenig wie die der Immunität durch die Qualität der Klöster bedingt. Allerdings wird die Gewährung der betreffenden Rechte in der Urkunde für S. Denis, Pard. Nr. 322, so motivirt: quia ab ipsis principebus vel a citeris priscis regebus . . . ipse sanctus locus . . . . videtur esse ditatus, und in dem bischöflichen Privilegium für S. Colombe de Sens, Pard. Nr. 333, wird hervorgehoben: sed et in his provinciis plura alia regalia monasteria . . . privilegia acceperunt. Diese Stellen besagen aber nur, dass sich die Könige als Besitzer von Stiftungen am ehesten in der Lage befanden für diese auch kirchliche Vorrechte oder Garantien gegen den Missbrauch der Episcopalgewalt auszuwirken, wie das Roz. 573 ausspricht: dignum est ut, quod rex uius seculi . . . pro commune salute voluit esse constructum, sub integro privilegium sit in perpetuum a calumniandi occasionibus conservatum. Und dass auch jeder andere Besitzer um Privilegien nachsuchen konnte, ergibt sich aus Roz. 575: dum et ille episcopus aut abbas aut inluster vir monasterium . . . aut super sua proprietate aut super fisco noscitur aedificasse. Dem entsprechen die Urkunden, die ich hier nach der Qualität der Klöster, und ich führe dabei zugleich einige Beispiele aus der Zeit der ersten Karolinger an, zusammenstelle. Privilegirte königliche Klöster sind: die von Childebert I. gestiftete basilica s. crucis et s. Vincentii Parisiensis (Pard. Nr. 172); Resbach, zum Theil von Dagobert I. dotirt (Pard. Nr. 270); Corbie, von Chlothar III. erbaut (P. Nr. 345) u. a.; Honau Pippin commendirt (Bouquet 5, 705); Hersfeld, Karl d. G. tradirt (Böhmer 63). — Privilegirte bischöfliche Klöster sind: Solemnes (Pard. Nr. 254); Görz unter Karl d. G. (Böhmer 39 und Labba concilia 6, 1698). — Dafür dass auch ein einem andern Kloster unterworfenes Kloster ein vollständiges Privilegium erhalten, weiss ich nur Salona im Metzer Sprengel zur Zeit Karl d. G. (B. 90) anzuführen. — Privilegirte Privatstiftungen sind: S. Marie de Soissons, von Ebroin erbaut (Pard. Nr. 355); Widerad's Stiftung Flavigny (Pard. Nr. 514 und 587); Wolfoald's Stiftung S. Mihiel de Massoupe (P. Nr. 475). In Karolingerzeit scheint Granfelden in

---

vaterländischen Geschichte, herausgegeben vom historischen Verein in S. Gallen 1864, Heft 4, nachgewiesen habe. — Man vergleiche auch Roz. 576 = Dümmler Formelbuch Nr. 3.

Privatbesitz und privilegirt gewesen zu sein [1]). Dazu kommen dann Privilegien für Klöster, die zu der betreffenden Zeit nullius iuris sind, wie S. Denis unter Pippin (Böhmer 25) und Novalese unter Carlomann (B. 36) [2]).

Es ist hier endlich noch etwas hervorzuheben, was auf die Fassung und Form dieser Urkunden eingewirkt hat, wobei ich zugleich die im übrigen erst später zu besprechenden Privilegien der Karolinger mit berücksichtigen werde. Wenn nämlich ein Bischof einem Kloster seines Sprengels durch Privilegien eine Garantie gegen Missbrauch der Episcopalgewalt geben wollte, galt es die eigenen Nachfolger zu binden. Daraus erklärt sich, dass von jeher solche Garantie unter die Mitbürgschaft der Bischöfe anderer Diöcesen gestellt wurde, sei es dass die Privilegien auf Versammlungen der Bischöfe von ihnen gemeinsam ertheilt wurden, sei es dass sie von anwesenden oder auch anderen Bischöfen mit unterzeichnet wurden, sei es dass sie wenigstens anderen zur Kenntnissnahme mitgetheilt wurden: es gibt kaum eine derartige Urkunde, an deren Ertheilung oder Ausstellung nicht auch Mitbischöfe betheiligt gewesen sind. Viele derselben sind der Inscription nach an die Collegen gerichtet (Pard. Nr. 335, 345, 355 u. a.), und in der Regel heisst es am Schlusse wie im Pard. Nr. 275: quam constitutionem . . . vobis vel caeteris episcopis destinavimus insuper confirmandam. Und so tragen diese Urkunden und andere gleichen Inhalts (Pard. Nr. 333, 344, 345, u. s. w.) zahlreiche Unterschriften der Bischöfe der benachbarten Sprengel. Dass auch bei der Ausstellung nicht Anwesenden das Privilegium nachträglich zu solchem Behufe unterbreitet wurde, lässt sich allerdings aus Merovingerzeit nicht so bestimmt nachweisen, wie aus dem IX. Jahrhundert, wo es z. B. in einer Urkunde von 864 (Quantin Nr. 45, ähnlich Nr. 49) heisst: subscriptionibus id propriis praesentes roboravimus et absentes fratres et coepiscopos nostros, ut idem facere

---

[1]) Es lassen sich dafür nur spätere Urkunden anführen: die Lothar's I. B. 602, Lothar's II. B. 708 und der sehr wichtige Rechtsspruch Konrad's V. von 902 in Zeerleder Berner Urk. Nr. 933, welcher dort richtig gedeutet wird, während Montag 1, 347 diese Urkunde ganz falsch auslegt.
[2]) Auf die Notiz einer späteren supplicatio im chrou. Novalic. (Pertz SS. 7, 122), dass das Kloster von Alters her dem päpstlichen Stuhle unterworfen gewesen sei, ist kein Werth zu legen.

dignentur . . . obsecramus. Und ebenso geschah es, dass man auch Nachfolger von Bischöfen, welche ein Privilegium mit unterfertigt hatten, noch zur Unterschrift aufforderte [1]).

Damit nun dass überhaupt Privilegienrechte in erster Linie von den kirchlichen Autoritäten zu verleihen waren, dass dann die Urkunden von mehreren Bischöfen bekräftigt zu werden pflegten, hängt es zusammen, dass auch in den königlichen Privilegien, insofern sie Bestätigungen der bischöflichen Urkunden waren, der Beistimmung der Bischöfe entweder gedacht oder selbst durch ihre Mitunterzeichnung ein formeller Ausdruck gegeben wurde. Für beides lässt sich das noch in Original erhaltene Diplom Chlodwig's II. Pard. Nr. 322, anführen, in dem es nach wiederholtem Hinweis auf die vorangegangene bischöfliche Urkunde heisst: hunc beneficium . . . cum consilio pontefecum et inlustrium virorum nostrorum procerum, und in dem dann ohne Ankündigung auf die königliche Subscription in drei Reihen zahlreiche Unterschriften von Bischöfen und auch von anderen Personen folgen, welche theils ihre Namen mit der damals üblichen Formel selbst schreiben, theils nur ihr Handmal machen und ihren Namen von dem Notar dazu setzen lassen. Es ergibt sich daraus, dass die auch für die Merovingerzeit festzuhaltende Regel, dass königliche Diplome der Zustimmung der Grossen nicht gedenken und von denselben nicht mit unterfertigt werden, doch Ausnahmen, besonders bei Privilegien, zulässt [2]).

Dies ist auch bei der Beurtheilung ähnlicher Fälle aus der Karolingerzeit zu beachten. Was zunächst den Consens der Grossen anbetrifft, so wird er in dem Privilegium Pippin's für S. Denis B. 25 sowohl in der Arenga als am Schluss erwähnt. Das Vorkommen an letzterer Stelle erklärt sich noch besonders daraus, dass von ergo oportet clementiam an die ganze Urkunde wörtlich der Theoderich's IV. Pard. Nr. 527 nachgeschrieben ist [3]). Bei dem Inhalte

---

[1] Mabillon ann. 1, 453 und aus dem IX. Jahrhundert Privilegium in Pérard 50, das nach und nach drei Bischöfe von Langres Geilo, Argrimus und Varnerius unterschrieben haben.

[2] Eine Ausnahme anderer Art ist, dass Urkunden minorenner Könige, wie die Chlothar's III. Pard. Nr. 329 und folgende, von anderen mit unterzeichnet werden.

[3] In dieser nur abschriftlich überlieferten Urkunde ist gegen den Schluss nach exorare und vor optimatum offenbar eine ganze Zeile ausgefallen, deren Ergänzung sich aus B. 25 ergibt.

des Stückes konnte es aber auch leicht geschehen, dass des Beirathes der Bischöfe und weltlichen Grossen desgleichen in der neu stilisirten Arenga gedacht wurde; freilich wurde dann, wie wir schon sahen [1]), dieselbe Arenga aus dem Privilegium auch in die damals von Pippin ausgestellte und in die von den Nachfolgern wiederholten Immunitäten hinübergenommen. Sonst finden wir solchen Consens unter den ersten Karolingern, abgesehen von verderbten Urkunden, nur in einer des Königs Ludwig von Aquitanien von 808 (Rédet documents 5 aus Original), einer Urkunde die ihrem Inhalte nach gleichfalls mit den Privilegien, namentlich mit den dem IX. Jahrhundert eigenthümlichen Privilegien auf gleiche Stufe zu stellen ist, und endlich erwähnt in dem erzählenden Theile der Urkunde Ludwig's in Erhard Nr. 9, wo es sich auf den ebenfalls analogen Stiftungsact bezieht. Aus diesem Diplom ist dann der betreffende Satz auch in die falsche Urkunde Nr. 439 (Erhard Nr. 8), übergegangen.

Was ferner Mitunterzeichnung von Diplomen [2]) anbetrifft, so kommen hier aus Karolingerzeit in Betracht zwei Urkunden Pippin's für Fuld und Prüm B. 3 u. 19 und die Karl d. G. für Trier B. 65. Von der ersten werde ich in der Folge ausführlicher zu handeln haben und bemerke hier nur, dass der Umstand, dass nach der auf uns gekommenen Copie die Urkunde von Bischöfen und andern unterzeichnet ist und dass unter diesen Bischöfen nicht alle als gleichzeitig gedacht werden können, dass dieser Umstand für sich allein kein Bedenken erregt, eben weil es eine Privilegienbestätigung ist. Und auch das Prümer Diplom ist eine sowohl mit Privilegien- als mit Immunitätsbestimmungen verbundene Dotationsurkunde, und so muss auch bei ihr als möglich zugegeben werden, dass die ihr angehängten Subscriptionen eben so in dem Original gestanden haben können, als in der uns vorliegenden wenig zuverlässigen Abschrift. Über die Unterschriften in B. 65 habe ich mich schon früher ausgesprochen [3]). Ich erinnere endlich an das, was ebendaselbst von der Imprecation gesagt wurde. Die kirchlichen Autoritäten drohen derartige Strafen

---

[1]) Beiträge z. D. III. 1. c. 221.
[2]) Nur von diesen rede ich hier; dass völkerrechtliche Verträge, Theilungsacte, Constitutionen oder Capitularien (Ann. Einhardi ad 806; Pertz. LL. 187 a. 813 u. s. w.) von den Grossen unterfertigt wurden, ist anders zu beurtheilen.
[3]) Beiträge z. D. III. 1. c. S. 226.

an [1]), besonders in Privilegien (z. B. Pard. Nr. 345) und so geht der betreffende Passus wohl auch zuweilen in die königlichen Privilegien über. So lässt sich auch in dem Diplom für Fuld B. 3 der Hinweis auf die sententia apostolicae districtionis erklären und so wird in jedem weiteren Falle, in dem gegen die allgemeine Regel von der Ungebräuchlichkeit der Imprecation in den älteren Diplomen verstossen wird, zu fragen sein, ob sich die Ausnahme etwa durch den an Privilegien erinnernden Inhalt oder durch sonstigen Zusammenhang der königlichen Urkunde mit einer der kirchlichen Autoritäten rechtfertigen lässt.

Privilegien-Formeln und Urkunden der Karolinger bis 814.

Es ist schon im letzten Abschnitte das Verhältniss der Marculfschen Formel Rozière 575 zu den Urkunden der Merovingerzeit dargelegt worden. Marculf hat also in diesem Falle keine neue Redaction aufgestellt, sondern hat einfach die von Pard. Nr. 270 oder die einer gleichlautenden Urkunde in seine Sammlung aufgenommen, wie er auch selbst in dem Prolog von einem Theile seiner Formeln sagt, dass er nur aufgezeichnet habe, was er kennen gelernt iuxta consuetudinem loci quo degimus. Welches war nun sein Heimatsland? Dass er im Sprengel von Paris lebte, dessen Bischof Landericus ihn zu der Arbeit aufgefordert hatte, ist allgemein anerkannt. Aber daneben hat man ihm Beziehungen zu Burgund zugeschrieben [2]) und hat sich dafür auf die eine Privilegienformel und auf Marculf 1, 8 = Roz. 7 berufen; doch weder die eine, noch die andere Formel beweisen dies. Wenn in der zweiten, in der carta de ducato genannt werden Franci Romani Burgundiones vel reliquae nationes, so sollen damit gewiss nur alle in dem Reiche wohnende und in gleicher Weise des Königsschutzes theilhaftige Stämme bezeichnet werden, und lässt sich daraus nur auf künstliche Weise deduciren, dass Marculf, weil er auch die Burgunder nennt, auf diese besondere Rücksicht habe nehmen wollen. Und eben so wenig ist es eine besondere Beziehung auf das burgundische Reich, wenn der Formelsammler in Roz. 574, d. h. in dem bischöflichen Privilegium

---
[1]) Waitz V. G. 3, 270. — Bezeichnend heisst es in einem bischöflichen Privilegium von 836 in Mabillon de re dipl. 524: imprecationem autem anathematis quam auctoritate canonica et apostolica proferimus omnino consequatur, qui huius privilegii violator extiterit.
[2]) Stobbe Gesch. der deutschen Rechtsquellen 1, 249.

zu dessen Ergänzung das königliche Roz. 575 dient, neben Lirins in der Provence die burgundischen Klöster Agaunum und Luxueil als Beispiele nennt: es sind dies eben nur die Klöster, in denen die betreffenden Verhältnisse am frühesten geregelt worden sind und die desshalb als Musterklöster genannt werden. und wenn zu ihnen etwas später allerdings noch das burgundische Stift S. Marcel lez Chàlons kommt, so wird andererseits auch noch, wie wir sahen, das wieder ausserhalb Burgunds liegende Resbach als Vorbild angeführt.

Rozière 575 ist nun wie andere Formeln Marculfs auch von der Karolingischen Kanzlei benützt worden. Unter den auf uns gekommenen älteren Formeln ist diese die einzige für ein königliches Privilegium vollständigen Inhalts. Sonst werden diese Verhältnisse nur gelegentlich, oft nur mit wenigen Worten, in Formeln andern Hauptinhalts berührt, von denen ich die von der Kanzlei gebrauchten hier ebenfalls anführen will.

Es gehört hierher erstens Marculf 1, 35 = Roz. 158 mit der Aufschrift: confirmatio de omni corpore facultatis monasterii. Ausser dass hier von Besitzbestätigung die Rede ist, heisst es nämlich: etiam et privilegium ipsius monasterio quod (iuxta) institutionem sedes apostolice seu reliquorum episcoporum visi sunt meruisse ... decrevimus roborare. und: adiicientes ut et privilegium tam de abbatis ingressu (ab) ipsa congregatio ... ex se instituendo quam et de reliqua omnia quod per institutionem pontificum de tempora illa usque nunc ipse monasterius habuit concessum ... ita et in antea ... sub eo ordine valeant ... permanere.

Ferner Roz. 23 = append. ad Marculfum 44, überschrieben: emunitate sanctorum, was auch auf den Hauptinhalt passt. Hier ist der Hinweis auf Privilegium zu den Worten zusammengeschrumpft, dass nach der zur Bestätigung vorgelegten Urkunde nullus (episcopus) aut archidiaconus loci illius nisi orationem aut praedicationem lucranda ... debuisset habere introitum; denn mit der Immunität von den weltlichen Richtern können diese Worte nichts zu thun haben. Wann mag nun diese Formel aufgesetzt sein? Ein älteres ihr entsprechendes Diplom liegt nicht vor, so dass wir die Entstehungszeit nur aus dem Stil und einzelnen Wendungen bestimmen können. Da scheint mir nun, dass die erste Redaction dieser Formel noch in die Merovingerzeit zurück zu versetzen ist: dafür sprechen der Titel, so weit er massgebend sein kann, die Arenga, welche eine Erweiterung der schon früh und oft vorkommenden: si petitiones ... ad effectum perducimus ist, und noch mehr, dass sich am Schlusse die Worte: manu nostra signaculis subter ea decrevimus roborare erhalten haben, in denen der Plural auf die Zeit hinweist, in der Monogramm und Siegel unter signacula oder subscriptiones zusammen begriffen wurden. Aber aus dem weiteren Zusatze: et de anulo nostro subter segelavimus lässt sich mit Gewissheit eine zweite, in die Karolingerzeit fallende Redaction folgern. Und wenn wir diese wegen des später nicht mehr gebräuchlichen vir illuster im Titel vor 775 zu setzen Anlass haben, so stimmt dazu die Incorrectheit der Sprache (magnificus vir's ducibus ... seo homines vassos nostros; cum monichas; tale immunitate ... habuisset concessum; absque ullum introitum; exhactetur; genitore nostro illo condam regis u. dergl.), wie sie sich gleichfalls nach dieser Zeit kaum noch findet.

Handelt diese letztere Formel nur von dem Verbot des introitus episcopi und nicht von der Abtswahl, so finden sich auf der anderen Seite Privilegienbestimmungen über die Abtswahl allein. Nur ist eine eigene Formel für so beschränktes Privilegium in unseren Sammlungen nicht enthalten, sondern der betreffende Passus begegnet nur einmal als Anhang zu der Immunitätsformel Roz. 19 = Carpentier 18, wie denn auch bei den Urkunden diese Bestimmung mit den Schutzbriefen oder Immunitäten verbunden zu werden pflegt. Auch für sie hat es im Laufe der Zeiten verschiedene Redactionen gegeben, die aber stets des gleichen Inhalts sind und sich nur in stilistischer Hinsicht unterscheiden.

Während sich nun die Wahlprivilegien unter den ersten Karolingern mehren, sind die vollständigen Privilegien schon unter Kar d. G. in Abnahme begriffen und unter seinem Sohne erhalten die Klosterprivilegien unter neuen Verhältnissen zumeist auch einen neuen Inhalt: daraus erklärt sich, dass der Formeln für ausführliches Privilegium nicht mehr sind und dass sich deren gar keine mehr in der Carpentier'schen Sammlung findet, die so ziemlich für alle im IX. Jahrhundert vorkommende Arten von Diplomen Muster darbietet. Jedoch in den Diplomen selbst, die wir nun prüfen und mit den Formeln vergleichen wollen, treffen wir allerdings eine grössere Mannigfaltigkeit von Fassungen an.

Von Privilegien der ersten Karolinger sind mir bekannt[1]):

---

[1] Die für Fulda lasse ich hier aus, von ihnen handelt der folgende Abschnitt.

Pippin für Honau c. a. 758, am besten in Graudidier 2 Nr. 54 aus jetzt nicht bekanntem Cod. saec. XV. s. Petri senioris.

Pippin für S. Denis B. 25 von 768 in Bouquet 5, 710 Nr. 19 aus dem Cartulaire blanc im Pariser Archiv.

Carlomann für Novalese B. 36 von 770 in Mon. hist. patriae 1, Nr. 34 aus jüngerer Copie.

Karl d. G. für Görz von 774 in Meurisse 183 und Bouquet 5, 714 Nr. 3.

Derselbe für Hersfeld von 775 in Wenck 3, Nr. 4 aus dem Original im Archiv zu Kassel.

Derselbe für Farfa B 72 von 775 in Muratori SS. 2^b, 350 ex chron. Farfensi.

Karl für Salona B. 90 von 777, am besten im Journal Lorrain 1853, p. 158, aus dem Original im Archiv zu Nancy.

Karl für S. Ambrogio B. 138 von 790 in Fumagalli cod. dipl. Nr. 20 ex copia saec. XII.

Entschieden nach den uns bekannten Formeln Marculf's abgefasst sind die Privilegien für Honau (= Roz. 158) und für Novalese (= Roz. 575). Was das erste Kloster anbetrifft, so lernten wir früher (B. z. D. 3,185) einen Schutzbrief des Hausmaiers für Honau, dann (ib. 197) eine Immunität des K. Pippin kennen; zu ihnen tritt nun als die Verhältnisse nach allen Seiten regelnde Ergänzung das Privilegium hinzu, ohne Datum überliefert, aber wahrscheinlich mit oder bald nach der Immunität ausgefertigt. Vielleicht haben eben die Umstände, dass das Kloster in besonderem Mundium stand und schon Immunität erhalten hatte, die Wahl der Formel Roz. 158 bestimmt. Zunächst beginnt die Urkunde allerdings wie viele Pippin's mit einer Inscription; von der Arenga an herrscht dann aber, einen Satz ausgenommen, so grosse Übereinstimmung zwischen der Urkunde und Formel, dass letztere, welche stellenweise schlecht überliefert ist, gradezu durch jene erst verständlich gemacht wird. Allerdings fehlt nun im Diplom, wie es uns vorliegt, der für die Privilegienbestimmungen wichtigste Satz: adiicientes ut et privilegium — per institutionem pontificum de tempora illa. Aber man kann nicht in Zweifel darüber sein, dass dieser Passus aus Nachlässigkeit, sei es des königlichen Notars [1]), sei es des späteren Abschreibers ausge-

---

[1]) Vgl. die analogen Fälle in den Urkunden B. 1. 36.15 49 u. a.

fallen ist, denn in der ersten Hälfte ist ganz wie in der Formel gesagt worden, dass ein Privilegium bestätigt werden soll. Es entsteht aber die Frage, was wir unter der dabei erwähnten auctoritas nostra oder der prior praeceptio nostra zu verstehen haben. Grandidier bezog dies auf die Immunität B. 13, weil er Immunitäts- und Privilegienrechte nicht zu unterscheiden wusste. Man muss hier vielmehr an eine frühere Privilegienbestätigung etwa von Pippin als Hausmaier denken, oder geradezu annehmen, dass der königliche Notar die Formel mechanisch nachschreibend, sich unter diesen Worten gar nichts gedacht hat. — Besitzconfirmation [1]) und Privilegium machen also den Hauptinhalt des Diploms für Honau aus, und nur gelegentlich wird am Schluss noch erwähnt, dass das Kloster auch in sermone nostro permanere soll. In diesem Zusammenhange habe ich auch nochmals auf die Urkunde (B. z. D. 3, 191) für Lorsch hinzuweisen, welche dem Inhalte nach der für Honau ziemlich gleich kommt: nur ist jene überhaupt ausführlicher und tritt in ihr die Mundiumertheilung in Folge der Tradition in den Vordergrund. Aber auch in Lorsch handelt es sich um mehr als um das Privilegium der freien Abtswahl; mit den Worten: iubemus ut nullus de episcoporum personis ... abbatem vel monachus ex ipso monasterio et homines ... inquietare aut contingere ... praesumat wird auch die erste Hauptbestimmung der Privilegien über die Unabhängigkeit von der episcopalen Gewalt angedeutet. Wir werden noch des weiteren sehen, dass oft in Urkunden andern Hauptinhalts in dieser Weise mit wenigen Worten auf privilegirte Stellung hingewiesen wird.

Der Formel Marculf's für vollständiges Privilegium ist, wie gesagt, Carlomann's Diplom für Novalese nachgebildet, jedoch so, dass der auf die Abtswahl bezügliche Satz aus Marculf 1, 1 (Roz. 574) hinzugefügt ist und einige unwesentliche Wendungen aus Abbo's Stiftungsbrief (Mon. hist. patr. chartae 1, Nr. 8) entlehnt sind. In den übrigen Privilegien der ersten Karolinger ist es nicht die specielle Fassung, sondern nur der wesentliche Inhalt der betreffenden Formel, welcher von den Notaren wiedergegeben wird. Zum

---

[1]) Diese Urkunde habe ich übersehen und überhaupt die auch in den Privilegien vorkommende indirecte Bestätigung des Besitzes, als ich von dieser in Beiträgen z. D. 3, 203 handelte, und ist somit das dort Gesagte in etwas zu berichtigen. Dennoch halte ich daran fest, dass derartige Confirmationen in den eroberten Ländern häufiger sind und einen andern Charakter haben, und eben so an der dafür gegebenen Erklärung.

Theil wie bei dem Diplom für S. Denis B. 25 erklärt sich das Verhältniss zur Formel einfach daraus, dass das Diplom der älteren mit der Formel wohl sachlich, aber nur zum Theil wörtlich übereinstimmenden Urkunde Pard. Nr. 527 nachgeschrieben ist, in anderen Fällen daraus, dass die nothwendige Erwähnung besonderer Umstände zur Umbildung der traditionellen Redaction führen musste.

In letzterer Hinsicht ist das Privilegium für Hersfeld charakteristisch. Der Stifter des Klosters, der Mainzer Bischof Lullus hatte auf einer Synode zu Kiersy dem Könige sein Kloster tradirt und um Schutz und Privilegium gebeten; ob ein bischöfliches Privilegium zur Bestätigung durch Karl vorlag [1]) oder aber die in Gegenwart anderer Bischöfe vorgetragene Bitte den bischöflichen Consens vertrat, lässt sich nicht entscheiden. Einerseits waren nun in der Urkunde diese Verhältnisse darzulegen, andererseits war die Mundiumertheilung mit auszusprechen, kurz es war in Ermanglung einer entsprechenden Formel eine selbstständige Stilisirung geboten. Diese Aufgabe löste aber der königliche Notar in eben so ungeschickter Weise, wie wir das bei den ersten Versuchen die Immunitäten in neue Fassung zu bringen (B. z. D. 3,199) gesehen haben. Das Hersfelder Privilegium wäre kaum verständlich, wenn wir nicht aus den Formeln den Hauptinhalt solcher Urkunden und aus der Bestätigung Ludwig d. F. B. 331, was speciell diesem Kloster zugesichert worden war, erkennen könnten. Trotzdem bleibt Einiges noch unklar. So findet sich am Schluss folgender mir sonst nicht vorgekommene, auch von Ludwig nicht wiederholte Satz [2]): et si in ipso monasterio aliqua deescordia evenerit, tunc ipsi abbas et monachi de alia monasteria regularem abbatis et episcopum canonicum, in quo loco eos convenerit, coniungant et ibi spiritaliter ad pacis concordia sint revocati, et si ibidem quod absit se pacificare non potuerint, tunc ad senedum nostrum venire debeant. Ist das die allgemeine Norm nach der der Bischof die ihm noch zustehende potestas coercendi über priviligirte Klöster eventuell ausübt, oder ist hier für Hersfeld noch eine besondere Vergünstigung stipulirt? Es ist ferner zu beachten, dass ausser Ertheilung von Mundium und Privilegium in diesem Diplom. auch auf Immunität hingewiesen wird: neque iudex publicus etc. Es wäre zulässig schon in diesen wenigen Worten eine Verleihung voll-

---

[1]) Gegen Ende findet sich für die Urkunde u. a. auch die Bezeichnung confirmacio.
[2]) Nur im Privilegium Abbonis findet sich eine analoge Bestimmung.

ständiger Immunität zu sehen [1]). Aber es spricht doch auch Einiges dafür, dass das Kloster neben dem Privilegium von Karl so gut wie von den Nachfolgern eine eigentliche Immunitätsurkunde erhielt.

Eine noch freiere Bearbeitung der in Roz. 575 enthaltenen Bestimmungen, und zwar mit Auslassung der auf Immunität bezüglichen, treffen wir in B. 72 für Farfa an. Aber im J. 775 kann eine königliche Urkunde noch nicht so gut stilisirt worden sein, wie diese in der Klosterchronik vorliegt, und es ist daher, wenn nicht noch ein Abdruck aus etwa erhaltenem Original bekannt wird, nicht zu entscheiden, bis inwieweit wir die in jeder Hinsicht bessere Fassung dem Redacteur der Urkunden zuschreiben dürfen. Zu bemerken ist nur, dass von Zustimmung des Bischofs zur Beschränkung seiner Gewalt hier nichts gesagt wird.

Es gibt ferner ganz kurze Fassungen für königliche Privilegien oder Privilegienbestätigungen, in denen die Einzelbestimmungen gar nicht aufgeführt werden, die specielle Regelung der Verhältnisse also nur aus etwaigen anderen Urkunden ersichtlich werden kann. Das gilt von Karl's Diplom für Görz, welches wie sich aus der auf uns gekommenen Überarbeitung noch ersehen lässt, nach einer besondern ganz kurzen Formel geschrieben worden ist. Im Grunde beschränkt sich der Inhalt auf einfache Confirmation eines vorgelegten bischöflichen Privilegiums, das uns noch erhalten ist (Labbat concilia 6, 1698; cf. Rettberg 2, 673) und im Wesentlichen mit Roz. 574 übereinstimmt.

Gleichfalls besonderer kurzer Fassung und doch sehr inhaltreich ist B. 90, welches Salona in der Metzer Diöcese betrifft. Dort hatte der Abt von S. Denis Fulrad Besitzungen, unter anderen auch durch Tausch mit dem Metzer Bischof, erworben und hatte auf denselben eine Celle in honorem s. Mariae et ss. Privati et Ilari gegründet [2]). Auf einer im J. 777 in Paderborn versammelten Synode, welcher auch der Metzer Bischof Angalramnus und der von Sens Wilharius beiwohnten, war ein bischöfliches Privilegium für diese zu S. Denis gehörige Celle ausgestellt worden, laut welchem der Ortsbischof auf

---

[1]) Wie ich in Beiträgen z. D. 1, 45 annahm, wo jedoch Manches nach obigem zu berichtigen ist.

[2]) Mabillon ann. 1. 180 verwechselt diese Celle mit der gleichfalls von Fulrad erbauten in Herbrechtingen im heutigen Wirtemberg. Die Unterscheidung ergibt sich aus dem Testamente Fulrad's in Tardif Nr. 78, und aus den Diplomen B. 90 und Wirt. Urkundenbuch Nr. 23.

seine Gewalt (pontificium [1]), wie es auch in der Hersfelder Urkunde heisst, verzichtete und sich nur die Befugniss vorbehielt, auf Einladung des Abtes von S. Denis die bischöflichen Actus in Salona vorzunehmen. Auf Bitten des letzteren und nachdem Angalramnus auf Befragen Karl's nochmals seine Zustimmung ausgesprochen hatte, bestätigte nun Karl dieses bischöfliche Privilegium, oder stellte Salona wie alle anderen S. Denis gehörigen Kirchen unter die diesem Kloster zustehenden Privilegienrechte. Wir haben also auch hier die erste Hauptbestimmung der übrigen Privilegien wiederholt; dass die zweite über die Abtswahl nicht berührt wird, versteht sich von selbst, da Salona als klösterliche Celle noch keinen eigenen Abt hatte. — Die Urkunde erhält aber auch noch andere wichtige Verfügungen, die wir hier um so mehr näher betrachten müssen, da die sehr unbeholfene Stilisirung das Verständniss erschwert. Salona wird nämlich gestellt sub emunitate et privilegium, sub emunitate et defensionem s. Dionisii. Dafür dass eine einem Kloster gehörige Celle mit unter dessen Immunität steht, haben wir schon zahlreiche Beispiele kennen gelernt, und dass Salona als S. Denis gehörig unter dessen Schutz stehen soll, entspricht den früher (B. z. D. 3, 216) dargelegten Gesetzen. Was bedeuten dann aber die folgenden Worte des Diploms: simile modo ex nostrum promissum et confirmationem, absque episcoporum Metinsis ecclesiae impedimentum, pars sancti Dionisii unacum ipso cenubio sub nostram tuitionem et defensionem et procerumque nostrorum partibus sancti Dionisii debeant respicere? Soll durch sie das Kloster S. Denis (pars s. D.) unter des Königs besonderen Schutz gestellt werden? Oder soll Salona, obgleich S. Denis gehörig, des speciellen Mundiums des Königs theilhaftig werden? Von jenem wird uns sonst nichts berichtet, und habe ich demgemäss bisher S. Denis stets als unabhängiges Kloster bezeichnet. Dieses würde was ich früher (B. z. D. 3, 244) über das Verhältniss zwischen Dominium und Mundium entwickelt habe, umstossen. Wir können aber dieser Stelle, die ja jedenfalls um einen Sinn zu geben sprachlich emendirt werden muss, eine dritte und richtigere Deutung geben und etwa so übersetzen, dass der König sagt: In gleicher Weise wie wir den durch Tausch erworbenen Besitz bestätigt haben, erklären wir dass mit unserer Gunst

---

[1] Das Wort bezeichnet übrigens Gewalt jeder Art: s. Roz. 124. 135, Wirt. Urk. Nr. 24, Beyer Nr. 21, Trad. Wizenb. Nr. 61,

und Bestätigung, ohne Einsprache von Seiten der Metzer Bischöfe, was S. Denis überhaupt dort besitzt sammt dem genannten Kloster Salona ihm zu Eigen gehören soll und dass dieser sein Besitz unter unserm und unsrer Grossen Schutz stehen soll. Dann handelt es sich um den allgemeinen in der königlichen Beurkundung liegenden Königsschutz, der das Eigenthum- und Schutzverhältniss zwischen dem Hauptkloster und der Celle nicht berührt, also mit demselben verträglich ist. Allerdings pflegt dieser allgemeine Schutz sonst in den Diplomen Karl's noch nicht ausgesprochen zu werden und ebenso vereinzelt steht nostra et procerum nostrorum tuitio da, wenn es auch an den gleichfalls nur in Privilegien üblichen Consens der Grossen erinnert.

Ich gehe zu dem jüngsten Privilegium Karl's über, welches den Mönchen des Benedictinerklosters S. Ambrogio den ihnen aus Episcopalgut zugewiesenen Besitz und die freie Wahl des Abtes zusichert, sie im übrigen nach dem Statut des Bischofs als Stifters (vom Jahre 789 in Fumagalli Nr. 19) sub regimine et potestate rectorum (so ist zu lesen) qui fuerint s. Mediolanensis ecclesie stehen lässt. Also auch hier wieder die zwei Hauptbestimmungen der früheren Privilegien; aber dafür ist nun eine Fassung gewählt die man, wenn auch noch einzelne ältere Wendungen (wie nostris oraculis plenissime confirmare, in elecmosyna nostra ita concessisse atque in omnibus confirmasse cognoscite) begegnen, sofort als eine neue, correcte und verständliche erkennen muss. Die hier angewandte Formel für diese Urkundenart steht in stilistischer Hinsicht auf gleicher Stufe mit der um dieselbe Zeit in der von Rado geleiteten Kanzlei aufgestellten neuen Formel für Immunität.

Ausserdem findet sich wie ich schon an einem Lorscher Diplome zeigte, zuweilen noch in Urkunden andern Inhalts ein kurzer Hinweis auf Privilegienrechte. Wie nach den Immunitäten die Klöster sein sollen absque introitu iudicum (Rozière 20), so sollen sie nach den Privilegien absque introitu episcoporum (Roz. 23) sein. Jenes wird weiter ausgeführt in dem Satze der etwa lautet: iubemus ut nullus iudex publicus vel quislibet ex iudiciaria potestate in ecclesias . . . ingredi audeat, und ist nur von Immunität die Rede, so können an dieser Stelle die episcopi, archidiaconi u. s. w. nicht mit genannt werden. Dem entspricht dann in Urkunden ohne Immunität, wie in dem mit Privilegienbestimmungen verbundenen Schutzbriefe für Lorsch der Satz: iubemus ut nullus quislibet de

episcoporum (eos) inquietare praesumat. Bei Vereinigung aber von
Immunität und Privilegium in einer Urkunde können dann auch an
dieser Stelle, wie im Diplome für Hersfeld, die geistlichen und weltlichen Obrigkeiten neben einander genannt werden. Und daraus
lässt sich schliessen, dass, wenn in einigen wenigen Immunitäten,
die sonst nichts von Unabhängigkeit von der Episcopalgewalt
enthalten, in diesem Satze der Bischof mit angeführt wird, schon
damit die Befreiung ab introitu episcopi, also was die erste Bestimmung der Privilegien besagt, angedeutet werden soll. Und in der
That lässt sich in den drei Fällen der Art, die ich kenne, der
privilegirte Stand der betreffenden Klöster auch anderweitig nachweisen. Es handelt sich nämlich um Anisola, S. Mihiel de Massoupe
und Farfa. In der Urkunde Pippin's für das erste Kloster B. 17
heisst es in dem die Immunität enthaltenden Theile: ut nullus quislibet de iudiciaria potestate . . . nullus episcopus nec ullus comis
etc.; dass aber Anisola trotz der entgegengesetzten Behauptung
der Acta Cenomannensia von der bischöflichen Gewalt eximirt war,
ist unzweifelhaft. Ähnlich heisst es in B. 47 für S. Mihiel: ut neque
vos neque iuniores successores vestri nec quilibet de iudiciaria
potestaste nec de parte pontificum; die Unabhängigkeit dieses Klosters
ergibt sich aus der Fundationsurkunde in Pard. Nr. 475. Für Farfa
endlich wird in einer mir nur im Auszug bekannten Urkunde Ludwig's (Muratori SS. 2ʰ, 379) bestimmt: ut nullus episcopus aut
abbas aut dux . . . calumniam facere praesumat, ganz entsprechend den uns noch erhaltenen vollständigen Privilegien Karl's
und Ludwig's B. 72 und 258 ²).

Privilegien aus der Zeit Ludwig des Frommen.

Es kann Zufall sein, dass kein Privilegium jüngeren Datums
von Karl d. G. auf uns gekommen ist, aber es hat auch einige
Wahrscheinlichkeit für sich, dass derartige Urkunden eben so wie
die Immunitäten vorzüglich im Beginne der Regierung dieses
Herrschers und später nur noch selten erbeten worden sind. Jedenfalls kennen wir kein solches Diplom aus der zweiten Hälfte der
Regierung Karl's, und es vergehen über zwanzig Jahre ehe uns

---

¹) Roth Beneficialwesen 455.
²) Nachträglich bemerke ich noch zwei gleiche Fälle: B. 233 für S. Denis und B. 417
für Pfävers.

wieder unter Ludwig d. F. ein solches begegnet. Und in diesem Zeitraum sind nun Wandlungen aller Art vor sich gegangen, auch in Bezug auf die Verhältnisse, welche durch die Privilegien geregelt wurden. Die Wiederherstellung der Episcopalgewalt, wie sie Bonifaz angeregt und eingeleitet hatte, hat sich allmählich vollzogen, und zwar ist sie durch Synodalbeschlüsse und Reichsgesetze nicht allein erweitert, sondern es sind zugleich auch die Normen und Schranken für die Ausübung derselben festgestellt: das gilt namentlich auch von den Befugnissen der Bischöfe den Klöstern gegenüber. Andererseits haben sich Karl d. G. in der letzten Zeit seiner Regierung und noch mehr sein Sohn mit der Ordnung und Reform der klösterlichen Institution beschäftigt, für die nach und nach die Benedictinerregel ausschliessliche Geltung erlangt hat: dabei sind auch die Rechte der Klöster den Bischöfen gegenüber nach allgemeinen Normen festgesetzt worden. Es ist ganz bezeichnend, dass, während in dem Privilegium Karl's für Farfa von 775 auf einzelne Musterklöster, auf Luxueil Lirins Agaunum hingewiesen wird, in der Bestätigung Ludwig's von 815 B. 258 dem Kloster ein Privilegium ertheilt wird, wie es cetera monasteria quae in Francia sub s. Benedicti norma consistunt besitzen. Durch die allgemeine gesetzliche Ordnung dieser Verhältnisse war fortan den ärgsten Missbräuchen vorgebeugt, welchen einst die Privilegien ihre Entstehung und ihre Verbreitung verdankt hatten, und die Klöster kamen in der Folgezeit nur noch ausnahmsweise in die Lage Privilegien zu ihrer Sicherheit nachzusuchen [1]).

Privilegien im alten Sinne und des früheren vollen Inhalts, wie ihn die Formel Rozière 575 repräsentirt, kommen daher unter Ludwig nur noch selten vor. Einige Klöster lassen sich wohl noch derartige Urkunden der Vorgänger bestätigen, aber auch da wird nur noch in dem einen Falle von Hersfeld die alte ausführliche Fassung angewandt, während in allen anderen Privilegien z. B. von der Beschränkung der bischöflichen Functionen auf die actus episcopales als von etwas allgemein feststehenden nicht mehr die Rede ist. Und neue Privilegien mit den beiden Hauptbestimmungen (S. 13) werden seit der durchgreifenden Regelung dieser Verhältnisse nur

---

[1]) Rettberg 2,671.676. Die Berufung auf die genannten Musterklöster findet sich ausnahmsweise noch einmal in B. 1399 vom J. 847, in einer Urkunde die in ihrer Fassung vielfach an die alte Formel Marculfs anklingt.

noch bischöflichen Klöstern ertheilt; das gilt auch schon von der späteren Zeit Karl d. G., denn das jüngste Privilegium, das wir von ihm kennen lernten, bezieht sich ja auch auf eine bischöfliche Stiftung. Und der Grund wesshalb diese noch besonderer Sicherung den Bischöfen gegenüber durch Privilegien bedurften, liegt auf der Hand. Wurde ein Kloster mit bischöflichem Gute ausgestattet, so wurde auch eine Regelung des Dispositionsrechtes über das aus dem Episcopalgut ausgeschiedene Klostervermögen nothwendig; in einigen Fällen verzichteten die Bischöfe ganz auf das Dominium und entliessen somit das betreffende Kloster ganz oder unter Vorbehalt eines gewissen Census aus dem ursprünglichen Abhängigkeitsverhältnisse, in anderen Fällen zogen sie nur den aus dem Dominium fliessenden Rechten gewisse Schranken zu Gunsten der Mönche. In den Urkunden, welche die Bischöfe darüber ausstellen und in den zumeist erbetenen königlichen Confirmationen derselben finden sich also wie in den früheren Privilegien vor allem Bestimmungen über das Stiftsgut und dessen Verwaltung, zweitens in der Regel auch Bestimmungen über die Abtswahl [1]).

Für Klöster anderer Qualität dagegen war jene erste Bestimmung gegenstandlos geworden, und sie begnügten sich daher, sich die in den früheren Privilegien mit enthaltene Freiheit der Abtswahl wiederholt bestätigen zu lassen, die ihnen allerdings schon auf Grund der Ordensregel zustand, aber thatsächlich doch oft beeinträchtigt wurde, im IX. Jahrhundert vorzüglich durch die Könige und Grossen, welche sich daran gewöhnt hatten, über die Klöster wie über Beneficien zu verfügen. Die Wahlprivilegien erscheinen aber nun durchgehends nur noch als Anhang zu Urkunden anderen Inhalts und in ziemlich constanter Fassung. In Bezug auf sie genügt es hervorzuheben, dass, während in den folgenden Jahrhunderten als Norm gilt, dass mit Wahlprivilegien ausgestattete Abteien nullius iuris sind und nicht mit diesem Rechte ausgestattete anderen unabhängigen oder königlichen Abteien untergeordnet werden sollen [2]),

---

[1]) Dominus eines bischöflichen Klosters kann übrigens auch ein anderer als der Diöcesanbischof sein. So gehörte das Kloster Senone in den Vogesen dem Erzbischofe von Metz, während die Ordinariatsgewalt dem Bischof von Toul, in dessen Sprengel es lag, zustand: s. epistola Frotharii in Bouquet 6, 389, Nr. 10.

[2]) S. vorzüglich constitutio Francofurt. Ottonis M. a. 951 in LL. 2, 26. — Vgl. auch die in diese Zeit gehörige Formel Roz. 577: Mönche klagen dem Könige, dass sie in grosse Noth gerathen, ex qua die nos illi beneficiasti et nos de vestro mundeburdio discessimus, und bitten, dass ihnen wieder einen Abt aus eigener

zur Zeit Ludwig's die Ertheilung des Wahlrechtes noch unabhängig von der Qualität der Klöster ist. So haben die Mönche der zuvor genannten bischöflichen Stiftungen S. Ambrogio und S. Marie du Mans ihre Wahlprivilegien, eben so die Mönche von Belle Celle, welches Aniane, und die von Cormery, welches S. Martin de Tours unterworfen war [1]). Selbst zu Benefiz vergebene Abteien konnten das Recht der freien Wahl behalten, wie die Urkunden für S. Salvatore di Brescia zeigen. Bedingung für den Genuss dieses Rechtes war nur, dass, wie es in B. 386 von Montiérender heisst, das Kloster war aptum ad monasterium regulare.

Endlich taucht, zuweilen auch unter dem Namen von Privilegien häufiger unter dem von Constitutionen, eine neue Urkundenart für Klöster und für Congregationen von Kanonikern auf, bei der es sich in der Regel nur noch um die Ordnung der innern Verhältnisse handelt. — Betrachten wir nun die einzelnen Privilegien Ludwig's nach der Reihenfolge der hiermit ihrem Hauptinhalte nach unterschiedenen Arten.

Unter den Privilegienbestätigungen dieses Kaisers stelle ich die für das Nonnenkloster S. Julien d'Auxerre (Quantin 1, Nr. 15 aus Chartul. saec. XIII) voran, weil sich für ihre Fassung eine specielle Formel nachweisen lässt. Allerdings beginnt die Urkunde mit einer Rozière 17 entlehnten Arenga, der weitere Wortlaut dagegen schliesst sich genau an die zuvor besprochene Formel für Immunität mit Privilegium Rozière 23 an, die hier nur in sprachlicher Hinsicht verbessert worden ist [2]). Es ist dies einer der seltenen Fälle, dass sich die Kanzlei Ludwig's noch einer unter den Vorgängern aufgestellten Formel bedient. — Vier andere Urkunden dieser Kategorie, nämlich die für Farfa B. 258 aus dem chron. Farf., die für S. Zeno di Verona B. 261 nach älterer Copie in Ughelli 5, 705, die für Hersfeld B. 331 nach dem Original in Beiträgen z. D. 1, 73 und die für S. Martin de Tours B. 420 nach Copialbüchern in Bouquet 6 Nr. 171, sind eben so wie die Immunitäten dieser Zeit in freierer Weise stilisirt. Wohl stimmen B. 258 und 261 in der

---

Mitte zu haben gestattet werde, so dass mit dem Wahlrecht auch das verloren gegangene Mundium des Königs wieder erlangt worden zu sein scheint.
[1]) Bouquet 6, 515 und 519, Nr. 73 und 91.
[2]) Daraus ergeben sich auch mehrfache Emendationen des auf uns gekommenen Urkundentextes, wie accinctus in villis vel rebus u. dgl.

Arenga überein, weichen dann aber von einander ab. Auch die Prologe der beiden anderen Diplome lassen sich anderweitig nachweisen: der von B. 331 in Rozière 22, der von B. 420 in der Immunität für Kempten B. 444. Dass der weitere Wortlaut dieser Stücke ein verschiedener ist, bringt es mit sich, dass, obgleich es sich offenbar um dasselbe Verhältniss handelt, die einzelnen Privilegienbestimmungen in ihnen mehr oder minder ausführlich wiedergegeben sind. Am ausführlichsten ist die Bestätigung für Hersfeld, für dessen Abfassung unverkennbar das vorgelegte Privilegium Karl's massgebend gewesen ist: hier begegnen nun noch einmal, nur in deutlicherer und correcterer Redaction, alle in Rozière 575 enthaltene Bestimmungen. In der für S. Martin de Tours wird besonders betont, dass der Bischof non plus dominari praesumat aut licentiam dominandi habeat, quam praedecessores sui [1]). In den zwei anderen Urkunden kehren die beiden Hauptbestimmungen der Privilegien wieder; was darüber hinaus noch besonders verfügt wird über die Ehen zwischen den Klosterholden und Freien, ist eine Italien und dessen Verhältnissen eigenthümliche Bestimmung, welche auch in dortigen Immunitäten zuweilen vorkommt [2]). Auch diese Klöster sind zumeist bischöflicher Stiftung und mag dieser Umstand auch hier Anlass zur Bestätigung der früheren Privilegien gegeben haben.

Von neuen Privilegien Ludwig's für bischöfliche Klöster sind mir bekannt: das für drei Klöster in Sens B. 347 (Original in der Pariser Bibliothek, Bouquet 6, 529 Nr. 107); das für S. Rémi de Vareilles B. 460 (Original in der Bibliothek von Sens, ibid. 605 Nr. 206); das für S. Mesmin B. 370 ibid. 544 Nr. 132 ex chartul.); das für Bèze (ibid. 565 Nr. 157 ex chron. Bes.); das für S. Marie du Mans B. 473 (ibid. 612 Nr. 217 ex gestis Aldrici). Dass analoge Urkunden aber auch für Klöster in den ostfränkischen

---

[1]) Über eine Verletzung der Privilegien dieses Klosters beschwert sich Alcuin in der epistola 199 (ed. Froben), und es ergibt sich aus diesem Schreiben dass, wenn auch B. 420 die Einzelbestimmungen der alten Privilegien nicht enthält, S. Martin doch alle die in den ausführlichen Privilegien aufgezählten Rechte besessen hat.

[2]) Das Privilegium für Farfa als Besitzbestätigung wird einmal in einem Placitum von 821 (Muratori SS. 2ᵇ 373, Note 39) producirt und werden auf Grund desselben an das Kloster gemachte Ansprüche zurückgewiesen. — B. 258 war dem damaligen Abte Benedict ertheilt. Sein Nachfolger Ingoald erhielt dann (Muratori l. c. 379) eine unter andern auch B. 258 bestätigende Urkunde.

Gebieten ausgestellt sind, lässt sich z. B. bei S. Gallen aus späteren Diplomen nachweisen [1]). Es ist all' diesen königlichen Urkunden gemein, dass ihnen bischöfliche Privilegien vorausgegangen sind, von denen auch das für S. Rémi (d'Achéry spicil. 2, 579) und das für S. Marie du Mans (Mabillon ann. 2, 590) erhalten sind. B. 460 spricht sich am deutlichsten über die Bedeutung der in diesen Fällen üblichen königlichen Confirmation aus: verum licet ecclesiastica atque pontificalis constitutio sua (episcopi) immoque divina auctoritate firma esse praevaleat, tamen (episcopus) non indecens atque incongruum iudicavit, si nostra etiam imperiali auctoritate sua constitutio firma esse perpetuo sanciretur. Und wie nun die bischöflichen Privilegien je nach den besonderen Umständen und dem Willen der betreffenden Bischöfe die Verhältnisse der Klöster verschieden regelten, so sind auch die näheren Bestimmungen der königlichen Confirmationen, so weit diese überhaupt in das Detail eingehen und sich nicht einfach auf die bischöfliche Urkunde berufen, sehr verschiedener Art. Bald behalten sich die Bischöfe grösseren, bald minderen Einfluss auf die Güterverwaltung vor, bald verzichten sie auf jede Abgabe, bald reserviren sie sich Jahresgeschenke (am häufigsten equus unus et scutum cum lancea, ausserdem Beiträge ad publicam expeditionem), bald gestatten sie vollkommen freie Abtswahl auf Grund der Ordensregel, etwa mit Vorbehalt ihrer Zustimmung, bald wahren sie sich das Recht die Äbte ein- und abzusetzen. So lässt sich als der gemeinsame Inhalt dieser neuen Privilegien des Königs nur angeben, dass sie die Güterverhältnisse und die Einsetzung der Äbte betreffen. Und der Verschiedenheit der Bestimmungen entspricht es, dass auch die Fassung dieser Diplome eine sehr mannigfaltige ist, um so mehr da die königlichen Notare sich vielfach der vorausgegangenen bischöflichen Urkunden als Vorlagen bedienen und diesen in dem disponirenden Theile nachschreiben. Wie bei den Immunitäten finden wir dann auch bei diesen Privilegien, dass sie von den späteren Königen zumeist wörtlich bestätigt werden: man vergleiche mit

---

[1]) S. Mittheil. für vaterl. Gesch. des S. Galler hist. Vereins 1864, Heft 4. — Ebenso wird in Roz. 576, einer Formel die eben so ausführlich ist als die ältere Marculf's, auf ein von Ludwig d. F. wahrscheinlich einem lothringischen Kloster ertheiltes Privilegium hingewiesen.

den zuvor genannten Urkunden die Ludwig d. D. für Hersfeld (Beiträge z. D. 1, 73) und die Karl d. K. für die Klöster in Sens B. 1600. Wie in früherer Zeit die Verwaltung des Klostergutes zu Differenzen zwischen den Bischöfen und Klöstern Anlass gegeben hatte, so kam es nun, seitdem der Mehrzahl der Abteien Unabhängigkeit von der Episcopalgewalt und Selbstverwaltung zugesichert waren, vielfach trotz der Bestimmungen in den Ordensregeln zu ähnlichen Streitigkeiten zwischen Äbten und Mönchen. Und wie früher die Beziehungen zwischen den Bischöfen und Klöstern durch besondere Urkunden geregelt worden waren, so wurden es nun auch die zwischen Äbten und Mönchen [1]). Sowohl die von den Äbten ausgestellten Urkunden, welche den Mönchen gewisse Güter zu ihrem Unterhalte anwiesen oder überhaupt die beiderseitigen Verpflichtungen feststellten, als die von den Königen dafür ertheilten Bestätigungen wurden in der Regel Constitutionen oder auch, da es sich ja um analoge Verhältnisse handelte, Privilegien genannt. Das älteste Beispiel eines derartigen Diploms, welches sich aber schon auf frühere Urkunden gleichen Inhalts beruft, ist die constitutio privilegii Karl des Grossen vom Jahre 774 oder 775 für S. Martin de Tours (Bouquet 5, 737). Häufiger werden diese Urkunden erst seit der allgemeinen Klosterreform unter Ludwig d. F., unter dem auch in den Capitularien (z. B. LL. 1, 201, 340 u. a. O.) bald im Allgemeinen, bald im Einzelnen vorgeschrieben wird, was den Mönchen zu ihrem Unterhalte verabreicht werden soll. Seitdem findet in vielen Klöstern, namentlich zur Zeit, da in ihnen die Reform durchgeführt wird, eine eigentliche Gütertheilung statt. Und eben dasselbe geschieht in den monosteria canonicorum, wo der Bischof einen Theil der Episcopalgüter für den Unterhalt der Kanoniker aussetzt. Werden nun für die betreffenden Urkunden der Äbte oder Bischöfe königliche Bestätigungen eingeholt, so muss sich der Inhalt dieser natürlich nach dem Inhalte jener richten. Dennoch lassen sich auch in derartigen Diplomen traditionelle Fassungen oder Formeln erkennen, offenbar weil auch die vorgelegten Urkunden auf solchen beruhten. Das zeigt, um zunächst ein Beispiel von Klosterconstitutionen anzuführen, der Vergleich von B. 395 für S. Vincent de Paris mit B. 428 für S. Denis (Bouquet 6, 559 Nr. 150; 579 Nr. 176), welche wörtlich überein-

---

[1]) Roth Beneficialwesen 271.

stimmen mit Ausnahme der die einzelnen Güter und Gerechtsame aufzählenden Sätze, welche in das Diplom für S. Denis wieder wörtlich hinübergenommen worden sind aus der Constitution des Abtes Hilduin (Tardif Nr. 123) [1]). Und für derartige Privilegien für Congregationen von Kanonikern ist uns auch eine Formel in der Carpentier'schen Sammlung Nr. 7 = Rozière 566 überliefert, mit welcher das Diplom B. 322 für S. Etienne d'Auxerre (Original im Arch. départ. de l'Yonne. am besten in Quantin 1, Nr. 16) in seiner zweiten Hälfte ziemlich übereinstimmt. Kann ich auch bei anderen Urkunden der Art, wie B. 297, 446, 456, 475 u. s. w. das Verhältniss derselben zu bestimmten Formeln nicht nachweisen, so kehren doch in allen dieselben Gedanken und Bestimmungen wieder und macht selbst der Wortlaut allüberall den Eindruck, dass er eben so wie die rhetorischen Arengen nach Formeln geschrieben worden ist.

Die Bezeichnung Privilegium, die ich auch für diese Kategorie königlicher Urkunden gebraucht habe, findet sich nun allerdings unter Ludwig d. F. in ihnen selbst nur noch ausnahmsweise angewandt. Es erklärt sich das jedoch daraus, dass sich die damalige Kanzlei überhaupt häufiger der allgemeinen Benennungen: litterae, auctoritas, confirmatio u. dgl., als der speciellen bedient. Privilegium von Urkunden gesagt [2]), behält dennoch bis in die Mitte des Jahrhunderts die alte Bedeutung, d. h. man versteht darunter in erster Linie Urkunden kirchlicher Autoritäten, in zweiter königliche, welche Verfügungen der Geistlichkeit bestätigen oder doch kirchliche Verhältnisse regeln. Ich kenne nur ein einziges Diplom vor 840, in dem das Wort für Urkunden andern Inhalts gebraucht zu sein scheint: in B. 329 nämlich werden erwähnt privilegia in quibus continebantur donationes regum Longobardorum, worunter aber möglicher Weise auch den Privilegien nahe kommende Fundationsurkunden gemeint sind. Auch in der zweiten Hälfte des Jahrhunderts wird Privilegium vorzüglich von bischöflichen und päpstlichen Urkunden, oder von königlichen, die sich auf Abtswahl u. dergl.

---

[1]) Die Gütertheilung fällt auch hier mit der Reform des Klosters zusammen, deren Bestimmungen der Kaiser gleichfalls durch auctoritatis suae privilegium, wie sich B. 427 nennt, bestätigt.

[2]) Daneben wird das Wort allerdings auch für Vorrecht, privata lex wie Isidor erklärt, gebraucht, z. B. LL. 1, 233 a. 823: hoc honoris privilegium ut caeteris anteponatur.

beziehen, gebraucht (wie in B. 557, 1091 u. a.) und in einem Diplom Karl d. D. B. 963 werden geradezu Privilegien der Päpste und Präcepte der Könige unterschieden [1]. Aber allmählich wird das Wort für Königsurkunden jeder Art und besonders für Immunitäten angewandt, wie in B. 557. a. 840, B. 694 a. 858, B. 1774 a. 871, B. 1167 a. 898: wie die Privilegien der alten Art verschwinden, so verliert auch der Name die ursprüngliche Bedeutung.

Die Fulder Privilegien.

Es ist seit dem XVII., namentlich aber im XVIII. Jahrhunderte viel über die Frage gestritten, wann die Päpste zuerst Klöstern des fränkischen Reichs überhaupt Privilegien und speciell Exemtionsprivilegien verliehen haben, und in Deutschland haben besonders die von Fulda producirten Urkunden des Inhalts Anlass zu solcher Discussion gegeben. Hier waren es vorzüglich Schannat und Eckhart, welche die einander gegenüberstehenden Ansichten über die Echtheit der betreffenden Documente verfochten haben [2].

Der eine wie der andere hatte dabei noch praktische Zwecke im Auge, und die Art, wie jeder die von ihm verfochtene Sache durchführte, erinnert daher vielfach an den Charakter der bella diplomatica. Dennoch wurde von Eckhart nach dem Vorgange von Launoy, Thomassin u. a. hervorgehoben, was wichtiger ist als der Streit um die paar speciellen Urkunden, die Frage von weittragender Bedeutung ob die Päpste schon zu den Zeiten Pippin's und Bonifacius' in der Weise, wie es die Fulder Privilegien besagen, bestimmend in Verhältnisse innerhalb der fränkischen Kirche eingegriffen haben. Das ist und bleibt der Kern der Streitfrage und er kann bei der eigenen

---

[1] Diese Unterscheidung wird selbst nach Jahrhunderten von einzelnen Urkundensammlern, so von Eberhard in Fuld, von Petrus in Montecassino, festgehalten, während der Mönch von Lorsch und Folquin von Sithiu alle königlichen Urkunden schlechtweg als Privilegien bezeichnen. — S. auch Albericus Cassin. de dictamine in Quellen und Erört. zur bayer. Geschichte 9°, 36—38.

[2] Von jenem erschien 1727 Diocesis Fuldensis cum annexa sua hierarchia. Dagegen veröffentlichte Eckhart 1727 Animadversiones hist. et crit. in J. F. Schannati diocesin. Schannat antwortete vorzüglich in den Vindiciae quorundam arch. Fuldensis diplomatum 1728 und ihm wieder Eckhart in den Commentarii de rebus Franciae orientalis 1729. Die weiter hierher gehörigen Schriften verzeichnen Baring clavis diplom. 45 cap. 23. und Namur bibliographie paléogr. 1, 62, Nr. 275 seq.

(Sickel.)

Bewandtniss, welche es mit jeder einzelnen der betreffenden Urkunden hat, am wenigsten in einer rein wissenschaftlichen Erörterung umgangen werden. Sind nun auch schon so ziemlich alle Puncte, welche dabei in Betracht kommen können, von den Historikern und Diplomatikern des vorigen Jahrhunderts angeregt worden, so lässt sich doch bei dem heutigen Stande der Forschung mancher der früher für und wider vorgebrachten Gründe schärfer formuliren und lassen sich der Frage noch einige neue Seiten abgewinnen. Allerdings wird man, wie es einmal mit den Fulder Zeugnissen steht, zufrieden sein müssen, zu einem Ergebnisse relativer Gewissheit zu kommen, und die Forschung kann im Grunde nicht über die Frage hinausgehen: was ist unter den obwaltenden Umständen das Wahrscheinlichere, dass die betreffenden Urkunden in der Hauptsache echt, oder dass sie in Bausch und Bogen genommen Fälschungen sind? Nur in diesem Sinne mache ich hier den Versuch, eine möglichst begründete Antwort auf die trotz aller früheren Schriften noch immer offene Frage zu geben [1]).

Den Ausgangspunct für die Erörterung bildet am füglichsten das auf Pippin's Namen lautende Diplom für Fulda B. 3, welches eine vorausgegangene Bulle des P. Zacharias bestätigt. Noch heute findet sich ein sehr altes, trefflich conservirtes Schriftstück des Inhalts in dem Fulder Landesarchive. Ist dasselbe, wie Schannat verfochten hat, ein Original, so fallen alle Bedenken gegen die von ihm bezeugte Thatsache fort, so ist die ganze Streitfrage mit einem Schlage entschieden. Aber die Authenticität dieses Stückes von der gegnerischen Seite bestritten, hat nicht in überzeugender Weise dargethan werden können, und auch Diplomatiker von Fach, wie z. B. Schönemann [2]), haben stets nur eine halbe Antwort auf diese Vorfrage ertheilt.

Es lässt sich auch nicht so leicht über die Originalität des betreffenden Schriftstückes entscheiden. Ich selbst habe, nachdem ich die alte Urkunde zum ersten Male und damals nur flüchtig eingesehen hatte, auf Grund des allgemeinen Schriftcharakters dieselbe für ein Original erklären zu können geglaubt [3]). Und auch nach sorg-

---

[1]) Hahn Jahrbücher 227, Excurs 26.
[2]) System der Diplomatik 2, 132.
[3]) Beiträge z. D. 2, 142. — Facsimile der Urkunde in Schannat dioec. Fuld. 234, dann wieder abgebildet in Vindiciae tab. 3, in Eckhart, Nouveau traité de dipl.

sumer Prüfung des Stückes halte ich daran fest, dass diese Schrift von so ungekünstelter Sicherheit spätestens auf den Ausgang des VIII. Jahrhunderts hinweist. Wird nun auch dies für die weiteren Folgerungen wichtig, so muss ich doch jetzt hinzufügen und damit meinen früheren Ausspruch berichtigen, dass dieser allgemeine Schriftcharakter für sich allein nicht über die Authenticität entscheidet, dass vielmehr andere den Ausschlag gebende Merkmale dem in Fuld aufbewahrten Stücke abgehen.

Ich habe jetzt sämmtliche noch vorhandene Originale der Merovinger und Pippin's[1]) und ziemlich alle der nächstfolgenden Könige prüfen können und habe sicherere Kriterien, als es der allgemeine Schriftcharakter ist, gewonnen, nach denen gemessen die Fulder Urkunde für ein Apographum zu erklären ist. Als sicherstes Merkmal der Originalausfertigungen der Zeit habe ich erkannt, dass mindestens das signum recognitionis von dem in der Urkunde als Recognoscenten genannten Kanzleibeamten eigenhändig gemacht worden ist. Man hat es nämlich mit dem Schreiben der Königsurkunden sehr verschieden gehalten. Das Original B. 15 ist ganz durch von Hitherius geschrieben. In anderen Fällen lassen sich zwei und auch drei Hände in ein und demselben Authenticum erkennen, so dass sich der Recognoscent beschränkt, die zwei Unterschriftszeilen und das Datum, oder nur jene, oder nur die die Kanzlerunterschrift enthaltende Zeile mit oder ohne Datum zu schreiben, oder auch als Minimum das signum recognitionis allein zu machen. Fälle der letzten Art sind B. 11 und 14, wo es sich selbst in den Personalendungen ausspricht, denn von anderer Hand geschrieben

---

und Schoenemann. Ein besseres Facsimile aus der Kopp'schen Sammlung werde ich bald Gelegenheit haben herauszugeben. Die beste Nachbildung des Stückes stammt von Bodmanns Hand, welcher ein grösseres Werk über die ältesten Urkunden von Fuld mit zahlreichen, sehr gelungenen Facsimiles vorbereitet hatte; die unvollendet gebliebene Arbeit findet sich jetzt in der Bibliothek des hochw. Bischofs von Strassburg Mgr. Raess.

[1]) Von diesem sind erhalten im Pariser Archive B. 7, 11, 14, 27, im Landesarchiv zu Fulda B. 15 und 22. Eine Schriftprobe von B. 14 gab Silvester 3, 71; von B. 15 Eckhart comment. 1, 554; von B. 27 Mabillon de re dipl. 387. — Fälschlich wurden früher oder werden auch noch jetzt, ausser B. 3, als Authentica bezeichnet B. 24 (das betreffende Stück jetzt im Arch. du départ. de Vienne, fonds S. Hilaire, Facsimile in Nouv. traité pl. 67), Bouquet 5, 707 Nr. 16 (im Pariser Archiv, Facsimile ibid. pl. 92) und B. 26 (im Pariser Archiv, Facsimile in der Collection de l'école des chartes.

heisst es da: Eius recognovit et, und erst dann im Zeichen von des Recognoscenten Hand: subscripsi. Nun lässt sich die Bedeutung dieses Zeichens damals noch sehr gut nachweisen. Dass der dasselbe umschliessende Zug aus einem S entstanden ist, ist bekannt. Es finden sich aber einige Male auch die weiteren Buchstaben: ubscripsi vollständig innerhalb des Zeichens ausgeschrieben [1]); mag das geschehen sein oder nicht, so wird jedenfalls dasselbe Wort nebst dem Namen des Betreffenden in tironischen Noten in das Zeichen eingetragen. Im Übrigen besteht das Signum aus mehr oder minder traditionellen Schnörkeln. Sieht daher ein Zeichen dem andern ziemlich gleich, so wird man doch bei eingehender Vergleichung auch Unterschiede erkennen und kommt schliesslich zu dem Ergebniss, dass jeder Schreiber, vorzüglich jeder der königlichen Kanzlei, sein ihm eigenthümliches Zeichen hatte, das er, so oft er als Recognoscent fungirte, eigenhändig unter die Urkunde setzte. Es heisst einmal in einer Formel (Rozière 129): manus nostrae propriae subscriptionibus quod ex consuetudine habuimus subscripsimus, und sagen das auch an dieser Stelle die urkundenden Personen, so gilt das ex consuetudine doch offenbar auch von den schreibenden oder ausfertigenden Personen. Daher denn auch schon eine conlatio cartarum, um nach der Unterschrift über die Echtheit zu entscheiden, wie Ludwig der Fromme verordnet: cum duabus aliis cartis quae eiusdem cancellarii manu firmatae sunt vel subscriptae, sua carta quae tertia est veram et legitimam esse confirmet [2]). Ohne Zweifel wurden so auch die Urkunden königlicher Kanzler beurtheilt, wie Gregor Tur. 10, 19 erzählt: Otto ... referendarius ... cuius ibi subscriptio meditata tenebatur, negat se subscripsisse, conficta enim erat manus eius in huius preceptionis scripto.

Es ist uns also nahe gelegt auch heute noch, so oft es gilt über Originalität von Königsurkunden zu entscheiden, solche Collation der Handschrift oder, wo die nicht vorkommt, doch mindestens des Handmals des Recognoscenten vorzunehmen. Nur können wir in unserm Falle der alten Vorschrift, welche drei auf densel-

---

[1] So in B. 7 und 14; nur ab sieht man in B. 22; das eine und andere auch in Privaturkunden der Zeit, wie im testamentum Fulradi im Pariser Archiv, im privilegium Abbonis im Turiner Archiv (Facsim. in Mem. dell' acad. di Torino vol. 30) u. s. w.

[2] LL. 1, 196; von Pertz 1, 116 fälschlich auch Karl d. G. zugeschrieben: s. Boretius die Capitularien im Langobardenreich 84.

ben Schreibernamen lautende Stücke voraussetzt, nicht genügen, denn von Stücken, die von Baddilo recognoscirt sind und etwa auf Originalität Anspruch machen können, ist ausser B. 3 nur noch B. 22 auf uns gekommen. Die Signa beider Stücke differiren aber so sehr, dass auch die Annahme, Baddilo habe im Laufe der Jahre sein übliches Zeichen in etwas verändert, ausgeschlossen wird. Welches nun sein Autograph ist, können wir somit nur durch Schätzung beider Urkunden nach ihren sonstigen Merkmalen feststellen. Und während wir noch des weiteren sehen werden, dass B. 3 nicht Original sein kann, spricht alles für die Authenticität des andern Stückes. Dasselbe ist bis zu den Worten: de anulo nostro sigillare studuimus von unbekannter Hand geschrieben. Von wem die drei Schlussformeln sind, wird ausnahmsweise hier ausdrücklich gesagt, indem es am Schlusse heisst: in dei nomine Hitherius scripsit feliciter¹). Und da ich mehr als zehn von Hitherius geschriebene Urkunden kenne, kann ich versichern, dass dies wirklich seine Hand ist. Nur das signum subscriptionis ist nicht das des Hitherius, also sicher, wie es in der Urkunde angegeben wird und wie auch der tironische Zusatz: ego Badilo subscripsi besagt, das des Baddilo. Folglich ist das differirende Zeichen in B. 3 nicht von Baddilo eigenhändig gemacht, folglich ist B. 3 nicht Originalausfertigung, sondern Copie oder Fälschung.

Zu demselben Ergebnisse führt die Betrachtung der Unterschrift, die mit den Worten: signum † Pippini gloriosissimi regis dem Könige zugeschrieben wird²). Seit unter Karl dem Grossen die Monogramme aufkommen, unterscheiden wir bekanntlich in diesen irgend einen Zug als Vollziehungsstrich, welchen der König eigenhändig machte. Es beruht sicher, wenn man auch später den Brauch auf alttestamentliches Vorbild zurückführen wollte³), auf ganz germanischer Auffassung, dass der König so gut wie andere durch die symbolische Handlung des Handauflegens und des Handmalmachens

---

¹) Die dritte Person fällt hier auf. Aber wie auch einige der folgenden Citate zeigen werden, ist die Regel, dass Selbstschreibende die erste Person anwenden, andere für die geschrieben wird in der dritten eingeführt werden, doch nicht immer beobachtet worden.

²) Häufiger wird damals in dieser Formel der alle casus obliqui vertretende Ablativ: signum Pippino angewandt, aber der Genitiv ist doch auch schon durch Originale bezeugt.

³) Hincmar de divortio Hloth. et Thietb. mit Berufung auf Esther 7, 8.

die Urkunden firmiren, und wir können schon desshalb erwarten, dass auch bei den Diplomen, welche noch nicht mit Monogrammen, sondern nach älterer Weise mit Kreuzen versehen sind, die Fürsten durch irgend ein sichtbares Zeichen die eigenhändige Bekräftigung bekundet haben. Und in der That lässt sich nun in der Mehrzahl der Originaldiplome Pippin's und Carlomann's, der sich noch des gleichen Zeichens bedient, erkennen, dass der Urkundenschreiber zunächst nur die vier Arme des Kreuzes zeichnete und zwar so, dass sie sich noch nicht berührten; von ihnen unterschieden ist, dann durch den Zug und zuweilen auch durch den Grad der Schwärze, was im Centrum erscheint: ein grosser Punct oder Strich, welche die Verbindung zwischen den Kreuzesarmen herstellen. Das ist offenbar der Vollziehungsstrich von Pippin und Carlomann. Und dass er sich in B. 3 nicht unterscheiden lässt, spricht ebenfalls gegen die Authenticität.

Wir müssen noch bei der dritten Art von Unterschriften, bei denen der Zeugen verweilen, und müssen, nachdem sie schon zuvor (S. 17) als unbedenklich nachgewiesen sind, hier von der Form derselben handeln. Für die Unterzeichnung der Zustimmenden oder Zeugen gibt es verschiedene Formen, was sich oft schon in den Ankündigungen ausspricht. Quorum nomina vel signacula subter tenentur inserta heisst es in Roz. 200 und in vielen anderen Formeln [1]. — Also zunächst eigenhändige Unterschrift des Namens: bei ihr wird in der Regel dem Namen ein Kreuz, Chrismon oder dgl. vorausgeschickt und dem Namen nachgesetzt: consensi, firmavi, subscripsi; das letztere Wort wird häufig wie in den Unterschriften der Kanzleibeamten in ein signum verzogen [2]. Andere, die augenblicklich nicht in der Lage sind oder überhaupt nicht verstehen Buchstaben zu machen, lassen ihren Namen durch andere schreiben [3].

---

[1] Beispiele aus Urkunden: Cartul. de S. Bertin 19 a. 648: qui signarent aut subscriberent rogavimus ... quorum nomina cum subscriptionibus vel signaculis subter tenentur inserta. — Wartmann Nr. 9: sup presentia tistium qui ab eo rogiti sunt auscripturi vil segna facturi.

[2] S. das Facsimile des Privilegiums von 864 in Quantin 1 Nr. 45.

[3] Der ältere Pippin in Pard. Nr. 400. a. 714: et quia nos propter aegritudinem in ipsa carta scribere non potuimus, Blittrudem rogavimus et potestatem dedimus, ut ipsam firmare ad nostram vicem deberet. — Pard. Nr. 320. a. 657: eius manus dicuntur tripedare ille calamus. Ideo ipse autoretate manu propria non podibat

In der Regel wird jedoch von solchen wenigstens ein Kreuz mit verschiedenen Zuthaten eigenhändig gemacht[1]) oder auch ein Anderer, am häufigsten der Notar macht ein Zeichen für den Zeugen, der dasselbe durch Auflegen der Hand zu dem seinigen stempelt[2]). Mögen nun diese Zeichen von den Betreffenden selbst oder von Anderen gemacht sein, so werden sie mit Worten wie: signum manus † illius etc. auch als signacula im Gegensatze zu den nomina cum subscriptionibus bezeichnet. Diese verschiedenen Arten der Unterzeichnungen werden nun in Originalen (und ebenso in guten Abbildungen wie in Letronne, in den Monumenta graphica u. s. w.) sofort zu erkennen sein, und daher wird es bei Urkunden mit Unterschriften ein die Originale von den Copien unterscheidendes Merkmal sein, dass in jenen die Schrift der selbst unterfertigenden Personen von der des Urkundenschreibers absticht. Prüfen wir nun aber darauf hin unsere Fulder Urkunde, so ist sie von Anfang bis zu Ende von einer Hand geschrieben, d. h. auch all die Firmen eines Bonifacius, Burghard u. a., welche selbst zu schreiben verstanden, und überdies erscheinen die einzelnen Unterzeichnungen in Reih und Glied auf's Beste geordnet, wie es in keinem Original nachzuweisen ist und wie sie am wenigsten hier ursprünglich geordnet sein konnten, indem ja einige derselben erst später nachgetragen sein können. Und nun deuten auch die die Kreuze begleitenden Worte auf Copie hin. Wohl geschieht es zuweilen, dass ein Abschreiber diejenige Formel beibehält, in welcher eigenhändige Unterschrift zu erfolgen pflegt, wie: in dei nomine ego ille testis subscripsi. Aber

---

subscribere. — Pard. Nr. 344 a. 664: haec abocellis feci et alius manum meam tenens scripsit et subscripsit. — Eben so von dem erblindeten Bischofe von Paris Inchadus in Cartul. de N. D. de Paris 1, 223: ob amissionem luminum scribere aequivit, und von demselben mit Anwendung der ersten Person in Mabillon de re dipl. 519 a. 832: quia ob ammissionem luminum scribere nequivi, manu propria signo crucis subter firmavi.

[1]) Dronke Nr. 209 a. 803: isti sunt testes qui propriis manibus signa fecerunt. — So wird auch von Tassilo in Tradit. Frising. 1, 22 zu verstehen sein: manu propria ut potui charactere cyrografo inchoando depinxi. — Für cartae ingenuitatis wird in Regino de synodalibus causis 1, 414 vorgeschrieben, dass sie sein sollen cum signis propria manu impressis.

[2]) Schoepflin Als. dipl. 1. Nr. 105 a. 805: caeterosque per impositionem manuum confirmare rogavit. — Fumagalli cod. dipl. Nr. 46 a. 836: signum A (qui) interfuit et rogatus... manum posuit. — In den Werdener Urkunden bei Lacomblet sind testes und manum mittentes, manum missores synonym.

häufiger ist es, dass die Copisten diese Formel gleichsam übersetzen und mit Hinblick auf das Handmal der im Original unterschreibenden Person sagen: signum manus illius. Dagegen ist es umgekehrt unerhört, dass wer selbst unterfertigt, dafür die letzteren Worte gebraucht. Aus alle dem folgt also auch wieder, dass das Schriftstück, von dem wir hier handeln nicht Original ist [1]).

Schliesslich sei nun auch das Siegel an dem Fulder Schriftstück erwähnt, weil noch mancher Diplomatiker bei der Frage über Originalität auf die Besiegelung Werth legt. Wie es Schannat, zu dessen Zeit es noch besser erhalten gewesen sein muss, abbildet, ist es oval und zeigt eine nach rechts gewandte Büste, den Kopf mit Bart und bekränzt, die Schulter mit einem Mantel bedeckt; dazu die Legende: XPEPROI . ·. . FRANC . . . Was noch jetzt zu sehen, stimmt zu dem Schannat'schen Bilde [2]). Wie verhält sich nun dieses Siegel zu den sonst von K. Pippin bekannten? Am besten erhalten ist das von B. 7, den Kopf eines bärtigen und mit Epheu bekränzten Bacchus oder Silenus darstellend ohne Legende [3]). Mit ihm stimmen die Siegelfragmente von B. 22 überein, und

---

[1]) Ich will dafür auch noch einen Schreibfehler anführen. Freilich kommen ja trotz aller Einschärfungen selbst durch Gesetze (LL. 1, 220, 286 u. s. w.) auch in Originalen arge Schreibfehler vor, und so würde ich ptitionibus in Zeile 4 oder ptri mit nachträglich übergeschriebenem e in Zeile 5 nicht anstössig finden. Aber wir treffen hier auch einen Fehler an, der entschieden auf falschem Lesen der Vorlage beruht und der wohl selbst bei dem nachlässigsten Notar der königlichen Kanzlei, der etwa die Originalausfertigung nach einem Concepte schreibt, nicht vorauszusetzen ist, weil ihm die betreffende Redensart geläufig gewesen sein muss. Es steht nämlich in Z. 5: ob horsem et venerationem sancti ptri, statt ob amoraem, welches in der Vorlage offenbar mit cursivem und über m hinaufgeschobenem und dann lang gezogenem a geschrieben war, so dass a mit dem ersten Schafte von m in einen Zug überging; dieser Zug ist von dem Copisten für den langen Schaft von h gehalten, und indem er dann den dritten Schaft von m übersah, entstand das sinnlose horaem.

[2]) Das aber an dem Fehler der meisten Abbildungen von älteren Siegeln leidet: gewöhnlich ist die Oberfläche dieser so abgeschliffen, dass sich nur ungeführe Umrisse, nicht scharfe Züge erkennen lassen. Die Zeichner aber pflegen das Bild nach ihrem Gutdünken zu vervollständigen und auszuführen. Deshalb eignen sich auch nur selten Siegelabbildungen zu Siegelvergleichung. Ich bediene mich sorgfältig gemachter Siegelabgüsse. Mit Hilfe von solchen habe ich denn auch constatiren können, dass das Fulder Siegel, von dem zu vermuthen nahe liegt, dass es das Karl d. G. sei und etwa auf Befehl desselben einer Copie des Pippin'schen Diploms aufgedrückt worden sei, den bisher bekannten Siegeln Karl's zwar sehr nahe kommt, aber nicht mit ihnen identisch ist.

[3]) Inventaire de la collect. des sceaux des arch. de l'empire Nr. 13.

offenbar war es dasselbe Siegel, welches früher B. 27 angeheftet, von Mabillon de re dipl. 387 abgebildet wurde. Was Germon gegen die Echtheit dieses und des pfalzgräflichen Siegels Karl d. G. vorgebracht und Heineccius wiederholt hat, verdient keine Widerlegung mehr. Im Gegentheil ist nur dieses Siegel des K. Pippin hinlänglich verbürgt. Es ist möglich, dass es daneben ein zweites und ganz anderes, wie es an B. 3 erscheint, gegeben hat, aber gerade B. 3 als Copie gibt dafür keine genügende Bürgschaft. Wir müssen daher die Entscheidung über dieses Siegel dahin gestellt sein lassen und können das um so mehr, da, so häufig und mannigfaltig waren die Siegelfälschungen, weder ein echtes Siegel eine sonst Verdacht erregende Urkunde schützen, noch ein unechtes eine sonst makellose verdächtigen kann.

Die Betrachtung der äusseren Merkmale ergibt also, dass das betreffende Fulder Schriftstück nicht eine Originalausfertigung ist, sondern Copie oder Fälschung etwa um 800 geschrieben. Und dazu passt nun auch die Sprache, welche verhältnissmässig zu correct ist für die Zeit Pippin's. Zwar werden wir später sehen, dass mehrere Zeilen wörtlich wiederholen, was die in diesem Diplom bestätigte Bulle des Zacharias enthielt, und indem sich im VIII. Jahrhundert die päpstlichen Urkunden noch durch grammatikalisch richtige Sprache auszeichnen, könnte man die bessere Latinität der betreffenden Sätze in der Königsurkunde durch die Vorlage erklären. Aber für den übrigen, den selbsständig stilisirten Theil derselben lässt sich dies nicht geltend machen, für ihn lässt sich nur annehmen, dass er erst von dem um 800 lebenden Copisten nach der Sitte seiner Zeit emendirt oder dass das ganze Schriftstück erst um diese Zeit aufgesetzt ist.

Haben wir aber einmal die Behauptung, die Urkunde liege noch in Original vor, beseitigt, so haben wir auch den Werth derselben als Zeugniss herabzusetzen; sie steht nun für uns auf ziemlich gleicher Stufe (nur das Schriftalter der einzelnen Stücke begründet noch einen Unterschied) mit anderen hieher gehörigen Bullen und Diplomen, die alle ebenfalls nur in Abschriften vorliegen und die insgesammt die Frage auftauchen lassen, ob wir es hier mit Copien echter Documente oder mit Fälschungen zu thun haben. Aber um zunächst noch bei B. 3 stehen zu bleiben, was wir bisher festgestellt haben, erleichtert auch wieder die Vertheidigung der Urkunde. Denn so wie sie uns vorliegt, enthält sie allerdings einige Ausdrücke und Angaben, welche mit einer Originalausfertigung unverträglich ein als solche zu betrachtendes Schriftstück zu verwerfen nöthigen würden, während dieselben in einer Copie auf Rechnung des Abschreibers gesetzt werden können.

Betrachten wir von diesem Gesichtspuncte aus zunächst das Datum der Urkunde. Schannat im Drucke und im Facsimile wollte gelesen wissen: data mense iunio anno primo regni nostri. Dronke gab statt dessen anno II an, mit der Bemerkung, dass die Ziffer auf einer Rasur stehe, dass also möglicher Weise früher das Schannat'sche primo da gestanden habe. Das Kopp'sche Facsimile hat gleichfalls anno II, deutet aber zugleich an, dass das ausradirte Wort anno nono gewesen sei. Letzteres kann ich bei genauester Prüfung des Schriftstückes nicht mehr erkennen; nur das steht fest, dass hier ein in Buchstaben ausgeschriebenes Zahlwort ausradirt und von sehr alter Hand, es könnte selbst die des ursprünglichen Schreibers sein, anno II gesetzt worden ist, wie auch Eberhard in seinen Abschriften hat. Es ist also dies die relativ beste Lesart, und nach ihr gehört das Diplom in den Juni 753.

In wiefern passen nun zu diesem Datum die einzelnen Angaben der Urkunde? Was zunächst Bonifacius anbetrifft, so glaube ich seinen Tod auf den 5. Juni 754 setzen zu müssen [1]); die von ihm in Attigny unterzeichnete Urkunde Pippin's kann also spätestens in das Jahr 753 eingereiht werden. Wenn nun dem gegenüber, es genügt einen Fall anzuführen, geltend gemacht wird, dass sich das nicht mit signum Lul episcopi vertrage, da Lullus damals noch nicht Bischof war, so weise ich jeden derartigen Einwand damit zurück, dass wir hier eine Copie vor uns liegen haben, welche nicht erkennen lässt, welche Unterschriften gleichzeitig mit der Ausstellung und welche erst später zugesetzt sind, dass nachträgliche Unterzeichnung von Privilegien auch anderweitig nachweisbar ist, dass also signum Lul episcopi und Ähnliches als späterer Zusatz zu der Urkunde betrachtet werden kann und in sofern unbedenklich ist. Es wurde zweitens seit Eckhart bemerkt, welches auch das Ausstellungsjahr sei, die Erwähnung des Bonifacius als eines lebenden und die des

---

[1]) Rettberg 1, 396 zu 755; für mich entscheiden die Annales antiq. Fuldenses des Wiener Codex: s. Forschungen zur deutschen Geschichte 4, 459.

Bruders von Pippin, Carlomann, als eines verstorbenen (beatae memoriae Carlomannus) vertrügen sich nicht mit einander. Dagegen hat man dann in neuerer Zeit, so auch Böhmer und Rettberg, diesen Einwand durch die Annahme beseitigen zu können gemeint, beatae memoriae u. dgl. sei zuweilen auch von lebenden Personen gesagt und könne speciell hier auf Carlomann's Eintritt in das Kloster gedeutet werden. Es bedarf aber noch des genügenden Nachweises für solchen Sprachgebrauch [1], und es liegt näher, wie schon Mabillon vorgeschlagen hat, diese Worte als von dem nach Carlomann's Tode schreibenden Copisten eingeschaltet zu betrachten.

Würden also einige an sich bedenkliche Angaben und Ausdrücke der Urkunde B. 3 sich aus dem Charakter derselben als Copie erklären, so finden andere ungewöhnliche Formeln und Wendungen ihre Rechtfertigung in der durch den Inhalt bedingten Form. Dahin gehört die Erwähnung des consensus episcoporum ceterorumque fidelium nostrorum, der Hinweis auf die sententia apostolicae districtionis, die Mitunterzeichnung des Diploms durch Bischöfe und andere Grosse [2]; das Alles fanden wir auch in anderen königlichen Privilegienbestätigungen. Dagegen steht das für die Ankündigung der Unterschriften gebrauchte Wort: adstipulatio fidelium nostrorum allerdings in Königsurkunden vereinzelt da. Die stipulatio ist als eine der Bekräftigungsformen gewisser Rechtsgeschäfte aus dem römischen Rechte in die Urkundenformeln aller deutschen Stämme

---

[1] Hoffmann vermischte Beobachtungen aus den deutschen Staatsgeschichten und Rechten 3, 67 hat eine Menge derartiger Fälle zusammengestellt. Aber die ganze Arbeit ist doch höchst unkritisch: es werden unter andern mehrere verdächtige Urkunden citirt und bei den unverdächtigen fehlt die hier durchaus nothwendige Unterscheidung zwischen den in Original und den nur abschriftlich erhaltenen. Allerdings findet sich unter den angeführten Diplomen wenigstens eins B. 1708 vom Jahre 862 (Tardif Nr. 186), das noch in der Originalausfertigung vorliegt. Dasselbe enthält die Bestätigung Karl d. K. für eine Gütertheilung zwischen dem Abt und den Mönchen von S. Denis und ist von dem damaligen Abte und Kanzler Hludowicus erwirkt: hier wird bei einzelnen Gütern gesagt, von wem sie dem Kloster geschenkt sind, und den Verstorbenen unter den Schenkern wird zumeist das Prädicat: divae, bonae memoriae, divae recordationis beigelegt; heisst es nun da einmal auch von dem noch lebenden Abte: piae memoriae Hludowicus, so ist das allerdings ein unumstösslicher Beleg für vereinzeltes Vorkommen solcher nicht correcten Ausdrucksweise, es erscheint aber doch als ein Versehen des Schreibers und berechtigt noch nicht zu den von Hoffmann gezogenen Folgerungen.

[2] Über praefectus statt comes siehe Waitz V. G. 3, 325, Note 2.

übergegangen [1]) und steht da fast regelmässig mit den Poenformeln in Verbindung. Herkunft und Bedeutung ergeben sich schon aus der in älteren Stücken begegnenden Ausdrucksweise, wie es z. B. in Wartmann Nr. 8 und oft heisst: cartola esta sua obteniad firmitatem Aquiliani Arcaciani lejes stibolacionis. Üblicher ist die kürzere Formel: cum stipulatione subnixa, sehr häufig im VIII., seltener schon im IX. Jahrhundert, nur noch vereinzelt in der Folgezeit, wie in Dronke Nr. 679, a. 932. Die Anwendung ist unabhängig vom Stande der Personen. So finden wir diese Bekräftigungsformel im Testamente des Abtes Fulrad (Tardif Nr. 78), in äbtlicher Precarie (Wartmann Nr. 80), in der Cession eines Erzbischofs (Cartul. de Beaulieu Nr. 11 a. 887), in der Urkunde eines Grafen (Wirtemb. Urk. Nr. 25 und 80), in der eines Herzogs Liutfrid (trad. Wizenb. Nr. 11, c. a. 730), in denen der Hausmaier (Pard. Nr. 521 a. 722, Nr. 563 a. 741 u. s. w.); nur in königlichen Diplomen begegnet sie niemals. — Schon bei den Römern gab es daneben adstipulatores [2]), Personen welche ihre förmliche Übereinstimmung und Beipflichtung zu einem Rechtsgeschäfte bekundeten. Dem entsprechend wird auch in deutschen Urkunden für die analoge Beglaubigung durch Zeugen adstipulatio testium gebraucht, ganz gleichbedeutend der subscriptio testium, der roboratio per testes [3]). So ist auch in B. 3 adstipulatione subnixum nichts anderes als testium subscriptione subnixum und die Wahl des Wortes vielleicht durch eine Reminiscenz an das in den Hausmaierurkunden häufige stipulatione subnixa bestimmt. So erklärt sich der Ausdruck, wenn auch ganz vereinzelt, sobald einmal der Consens der Grossen und die Mitunterzeichnung durch sie angekündigt werden sollten.

Der ganze Schlusssatz lautet übrigens anders als die, sei es in Merovinger-, sei es in Karolingerdiplomen übliche Ankündigungsformel; es ist in ihm eine Participialconstruction angewandt, wie

---

[1]) Spangenberg die Lehre von dem Urkundenbeweise 1, 393. — Pardessus de la formule stipulatione subnixa in Biblioth. de l'École des Ch. 1 série, 2, 425; der dort gemachten Unterscheidung zwischen stipula subnixum und stipulatione subnixa kann ich jedoch nicht beistimmen.

[2]) Gaius 3, 110: possumus ad id quod stipulamus alium adhibere qui idem stipuletur, quem vulgo adstipulatorem vocamus.

[3]) Z. B. Dronke Nr. 529: stabilis permaneat cum astipulatione testium; astipulatio hier für adstipulatio, während auch für das einfache stipulatio in Folge von Lautvorschlag vorkommt astipulatio (Pard. Nr. 588) oder estibulatio (Wartmann Nr. 9).

sie sich in keiner königlichen Urkunde dieser Zeit findet. Diese Abweichung nun haben wir in Zusammenhang mit der ganzen stilistischen Fassung der Urkunde zu betrachten. So wie nämlich der wesentliche Inhalt der Bulle des Zacharias wörtlich in die sie bestätigende Urkunde Pippin's übergegangen ist (dicionem aliquam — firmitate perpetua perfruatur), so ist auch deren Schlusssatz maassgebend geworden für die Fassung des Schlusses von B. 3. Nach dem Hinweis auf die sententia apostolicaè districtionis folgt: et tamen hoc, wie in der Bulle: et nihilominus, und ebenso ist den Worten der Bulle: inviolata permaneat apostolica auctoritate subnixum der Schlusssatz des Diploms nachgebildet: stabile permaneat manu nostra roboratum et tam anuli nostri impressione quam fidelium nostrorum adstipulatione subnixum. Die Abweichung an sich von der sonst üblichen Fassung und der sonst üblichen Formel der Diplome werden wir hier ebenso zu beurtheilen und zuzulassen haben, wie bei den Confirmationen bischöflicher Privilegien, deren Stilisirung wir ja gleichfalls vielfach durch den eigenthümlichen Wortlaut der zu bestätigenden Urkunden beeinflusst sahen.

Es steht also mit der besonderen Fassung von B. 3 ebenso wie mit dessen besonderem Inhalte, sie hängen beide auf's innigste mit Inhalt und Wortlaut der Bulle zusammen, und ob wir die Pippinische Urkunde als echt gelten lassen dürfen, hängt, nachdem wir einmal die Nichtoriginalität derselben festgestellt haben, wesentlich von unserem Urtheile über die Bulle ab. Die weitere Untersuchung hat sich daher weniger mit dem Diplome als mit der Bulle zu befassen, mit der jenes steht oder fällt. Und indem ich somit zur Prüfung der Urkunde des P. Zacharias übergehe, will ich zuerst fragen: hat es überhaupt ein Privilegium dieses Papstes für Fuld gegeben? — Erst wenn diese Frage bejaht worden ist, können wir Wortlaut und Inhalt der uns überlieferten Bulle in Betracht ziehen.

In einem Briefe des P. Zacharias an Bonifacius (Würdtwein Nr. 87, Giles Nr. 76) heisst es: petisti ... ut illud ... monasterium nomine tuo privilegio sedis apostolicae munire deberemus, eine so bestimmte Äusserung, dass es wohl nicht in Betracht kommt, dass unter den uns bekannten Briefen des Bonifacius keiner gerade diese Bitte enthält, denn wer bürgt uns, dass diese Briefe ganz vollständig auf uns gekommen? Privilegium kann aber nach dem Sprachgebrauche jener Zeit nicht, wie Rettberg 1, 614 das Wort deuten möchte, ein Schutzbrief in damals üblicher Form sein; Privilegium ist, wie wir früher sahen, eine die kirchlichen Verhältnisse ordnende Urkunde, und überdies, wenn es schon auffällt, dass der Papst damals ein solches Privilegium ertheilt haben soll, müsste es in noch höherem Grade auffallen, wenn er gleich den weltlichen Fürsten über nichtkirchliche Verhältnisse Bestimmungen getroffen hätte. Jene Stelle lässt also keine andere Deutung zu, als dass der Papst irgend eine Urkunde nach Art der Privilegien zu Gunsten von Fuld ertheilt habe.

Weitere mehr oder minder directe Zeugnisse besitzen wir in einer langen Reihe päpstlicher und königlicher Urkunden, welche jetzt am besten in Dronke cod. dipl. Fuld. vorliegen. Von den Bullen müssen wir die dreier Jahrhunderte zu Rathe ziehen [1]). Jaffé hat diese Bullen von der Gregor's IV. an nicht beanständet und auch ich meine, dass sie von dieser an formell richtig erscheinen. Allerdings sind sie nur abschriftlich überliefert, ausgenommen die letzte von Benedict VIII., deren Original noch jetzt im Fulder Archive aufbewahrt wird [2]). In all' diesen Stücken nun werden dem Kloster päpstliche Privilegien verliehen, mehrere erzählen dabei, dass Fuld seit ältester Zeit solche Privilegien besessen, aber erst die Bulle Johann's XIII. erwähnt in directer Weise die Constitution des P. Zacharias und deren Bestätigung durch die Nachfolger. Das ist also ein sehr spätes Zeugniss, um Jahrhunderte später als das, welches uns in dem abschriftlichen Privilegium Pippin's vorliegt. Und

---

[1]) Ich führe sie gleich hier nach den Nummern bei Dronke auf, setze aber auch, um das Aufsuchen in anderen Werken zu ermöglichen, die Nummern der Jaffé'schen Regesten bei. — Für Fuld sind folgende Bullen bekannt: D. 4ᵃ = J. 1756 von Zacharias a. 751, D. 7 = J. spur. 309 von Stephan a. 753, D. 77 = J. spur. 321 von Hadrian I. a. 784, D. 477 = J. 1951 von Gregor IV. a. 828, D. 557 = J. 1975 von Leo IV. a. 850, D. 574 = J. 2011 von Benedict III. a. 857, D. 575 = J. 2017 von Nicolaus I. a. 859, D. 618 = J. 2255 von Johann VIII. a. 875, D. 642 = J. 2662 von Stephan VI. a. 891 (wie hier eine Bulle des Vorgängers Marinus erwähnt wird, die nicht auf uns gekommen, so mögen auch noch andere dem Kloster ertheilte Bullen verloren gegangen sein), D. 649 = J. 2710 von Benedict IV. a. 901, D. 665 = J. 2726 von Johann X. a. 917, D. 681 = J. 2752 von Leo VII. a. 936, D. 685 = J. 2775 von Marinus II. a. 943, D. 687 = J. 2794 von Agapet II. a. 948, D. 711 = J. 2830 von Johann XII. a. 961, D. 713 = J. 2867 von Johann XIII. a. 969, D. 725 = J. 2950 von Johann XV. a. 994, D. 728 = J. 2992 von Silvester II. a. 999, D. 736 = J. 3091 von Benedict VIII. a. 1024.

[2]) Demnach ist Eckhart's Versuch, die ganze Reihe der Urkunden als Fälschungen dem um 1050 schreibenden Othlon aufzubürden, unhaltbar.

überhaupt zeugen sämmtliche Bullen von Gregor IV. an, so lange wir nicht in das Detail derselben eingehen, weder zu Gunsten noch zu Ungunsten des um 800 geschriebenen, Pippin's Namen tragenden Stückes, weil sie in jedem Falle von alten Privilegien reden können, mag nun das königliche Diplom von 753 Copie einer echten Urkunde oder das Glied einer Kette von Fälschungen sein.

Von späteren Königsurkunden kommen bei dieser Frage in Betracht: das Wahlprivilegium Karl des Grossen von 774 in Dronke 47, nur abschriftlich überliefert, aber unbedenklich, ohne Hinweis auf die Constitutionen der Päpste; ferner desselben Urkunde über die Zehntabgaben, wahrscheinlich vom Jahre 810 in D. 248 aus cod. Eberhardi [1]). In der letzteren heisst es: Ratgerius abbas... ostendit serenitatis nostrae obtutibus auctoritatem... Pippini regis in qua continebatur qualiter petente sancto Bonifacio... privilegium Fuldensis monasterii a Zacharia s. sedis apostolice presule datum sua etiam auctoritate roboraret. Da haben wir also wenigstens ein der Zeit und dem Werthe nach dem abschriftlichen Privilegium Pippin's ziemlich gleich stehendes Zeugniss. Beide Urkunden werden dann in einem allerdings sehr verderbten Diplome Ludwig des Frommen, Dronke 526 a. 840, bestätigt.

Wir werden erst, indem wir auch auf die Fassung der zuvor erwähnten Bullen eingehen, einen Schritt weiter vorwärts kommen. Ich will dabei zunächst von Dronke 477 ausgehen, welche Bulle Jaffé als die erste echte nach der des Zacharias gelten lässt, oder von D. 574, deren Echtheit durch die noch erhaltenen und durchaus richtigen Schlussformeln (vollständiges Datum, Namen des Scriniarius und Secundicerius u. s. w.) gut verbürgt wird. Beide Bullen haben gleichen Wortlaut, der nun auch die Grundlage für die zunächst folgenden bildet. Wenn gleich D. 575 und 618 einen Zusatz zu der Fassung der früheren Stücke (ceterum vero hoc deliberantes — retorqueatur) enthalten, so ist dieser ganz unbedenklich (s. S. 60), weil er dem Kloster eine Verpflichtung auferlegt, was sicher nicht die Mönche einer echten Urkunde eingeschoben haben werden. Die nächste Bulle, D. 642, hat zwar eine neue Arenga und einige unwesentliche Zusätze, im Übrigen ist sie der letzteren genau nach-

---

[1]) Dronke 248 ist entschieden dem Original näher stehende Copie, als D. 247 = Böhmer 188. Näheres über diese Stücke S. 63.

geschrieben. Auf sie folgen ihr wörtlich gleich D. 649, 665, 681, nur mit einer sachlich und stilistisch unverdächtigen Erweiterung (et auctoritate nostra interdicimus — concedimus et praecipimus), in der nun auch zum ersten Male eine Bestimmung über die freie Abtswahl aufgenommen erscheint. Nachdem so die Bullen für Fuld mit der Zeit immer ausführlicher und länger geworden sind, aber doch Alles, was schon in D. 477 stand, wörtlich wiederholt haben, folgen in D. 685, 687, 711 drei kurze Fassungen, unter sich und mit der Urkunde des P. Zacharias wörtlich übereinstimmend. Vergleichen wir nun die Gruppe D. 477—681 mit der Gruppe D. 4* und 685 bis 711, so enthält erstere alle Sätze und Worte der zweiten, aber dazu einen nicht unwesentlichen, nach praeter sedem apostolicam eingeschobenen Passus (et episcopum — consecrandi altaris fuerit), der sich auch in der der Zeit nach innerhalb derselben Gruppe liegenden Bulle D. 557 findet; auf die Bedeutung dieser Worte komme ich zurück. Dann begegnet in D. 713 eine neue, in D. 725 genau nachgeschriebene Stilisirung, die sich aber doch in langen Sätzen der hier zuerst ausdrücklich citirten Constitution des Zacharias wörtlich anschliesst, ausserdem aber auch ganz neue Bestimmungen über den Primat des Abtes von Fulda aufweist. Die Bulle D. 728 ist ganz selbstständiger Fassung. Des weiteren folgt die noch im Original erhaltene Urkunde Benedict's VIII., D. 736: in ihr ist inhaltlich neu, dass dem Fulder Kloster ein römisches Kloster geschenkt wird, aber der ganze zweite Theil derselben von ut sub iuris dicione an ist wieder eine wörtliche Wiederholung des Wortlautes von D. 4*, und zwar so, dass auch wieder, wie in allen auf D. 685 folgenden Stücken, der Zusatz: et episcopum — consecrandi altaris fuerit fehlt.

Haben wir also innerhalb eines Zeitraumes von 270 Jahren in einer langen Reihe, welche mit einem unanfechtbaren Originale abschliesst, im Wesentlichen immer dieselbe Fassung als das Minimum des Wortlautes kennen gelernt, so können wir nun auch leichter bestimmen, was in einigen wie es scheint überarbeiteten Bullen, die noch zu betrachten bleiben, als ursprünglich und echt angesehen werden darf. Auch diese der Verunechtung verdächtigen Stücke, D. 7, 77, 557, enthalten nämlich Wort für Wort (blos in D. 7 ist und vielleicht nur durch Versehen eines Abschreibers eine Zeile: ut profecto — dotatum permaneat ausgefallen) jenen allen

Fulder Bullen gemeinsamen Wortlaut und unterscheiden sich nur durch verschiedenartige, des näheren zu betrachtende Zusätze. Der Passus in D. 7: maxime his locis — commendavit defensione ist mir äusserst bedenklich wegen der Behauptung, dass Bonifacius das Kloster in nostra Romana commendavit defensione, einmal weil sie selbst in den Fulder Bullen vereinzelt dasteht, dann weil ein derartiges weltliches Schutzverhältniss, für das ich sonst erst ein Jahrhundert später und auch damals nur in Westfrancien ein Beispiel gefunden habe, wie gesagt, noch viel absonderlicher ist als das durch ein Privilegium begründete. Und dass, was der zweite Zusatz in D. 7: praecipimus etiam tibi — semper intendas, ähnlich dann auch in D. 77 und 557 und im Cod. Eberhardi auch in D. 477 eingeschaltet[1]), besagt, dass nämlich das Klostergut nicht zu Benefiz ausgegeben werden soll, nicht zu der Zeit Pippin's passt, das bedarf wohl keiner weiteren Ausführung[2]). Endlich hat schon D. 77 jenen der Gruppe D. 477—681 eigenthümlichen Zusatz.

Sehen wir nun aber von diesem Zusatze und von den Abweichungen der Bullen D. 77 und 557 ab, die ich schon hier als unverkennbare Interpolationen bezeichnen kann, so sind wie gesagt auch diese Urkunden in dem weitaus grösseren Theile allen anderen gleich. Die Übereinstimmung in dem Haupttheile zwischen der ersten und letzten der von mir angeführten Bullen ist somit eine ununterbrochene; andererseits ist sie eine in natürlich und regelrechter Weise beschränkte und hat nichts gemein mit der Übereinstimmung jener Reihen von Urkunden, in denen ein und dasselbe Falsificat zwanzigmal nachgeschrieben wird. Wenn wir diejenigen Bullen für Fuld, welche noch mit vollständigem Protokoll versehen sind, mit denen derselben Päpste, mit den von denselben Kanzleibeamten geschriebenen vergleichen (es im Einzelnen hier darzulegen würde mich zu weit von der Hauptsache abführen), so erkennen wir in ihnen alle die kleinen Veränderungen, welche der Verlauf der Zeit mit sich bringt, wieder. Auch in den Prologen finden wir

---

[1]) Siehe D. 477, Note 3, und vgl. die Überarbeitung der Bulle des Zacharias in Cod. Eberh. D. 4ᵇ.

[2]) Unter all' diesen Bullen ist die Stephan's D. 7 um ihres Inhaltes und Stiles willen am meisten verdächtig und ist um eines später anzuführenden Grundes willen ganz zu verwerfen; ich berücksichtige sie also auch im Folgenden nicht mehr.

einen natürlichen Wechsel¹). Und im weitern Contexte zeigen sich gleichfalls bald allmähliche Erweiterungen von Fassung und Inhalt, bald wieder eine Rückkehr zu knapperer Redaction. Mit einem Worte: bei diesem Verhältnisse der Fulder Bullen zu einander, stützt die eine die andere, und eben in diesem Zusammenhange erscheinen sie echt; nur das fragt sich noch: mit welchem Stücke beginnt die Reihe der wirklich von Rom ausgegangenen Bullen, sind auch schon die des Zacharias und die offenbar überarbeitete des Hadrian in der Reihe der echt erscheinenden Documente inbegriffen?

Die Frage wird sich mit Bestimmtheit beantworten lassen, sobald wir den weiteren Umstand in Betracht gezogen haben werden, dass die gemeinsame Fassung dieser Stücke auch in der Sammlung der päpstlichen Formeln, im Liber diurnus Romanorum pontificum angetroffen wird. Allerdings wird durch diesen Umstand an sich die Möglichkeit einer Fälschung von Bullen in Fulda mit Hilfe römischer Formeln noch nicht ausgeschlossen, sie wird erst ausgeschlossen, wenn wir einerseits die Zeit feststellen, in der sich zuerst derselbe Wortlaut zu Rom in den Formeln und zu Fuld in den Urkunden nachweisen lässt und dann andererseits erwägen, ob zu dieser Zeit eine derartige Fälschung denkbar ist.

Die erste Aufgabe ist nicht mit wenigen Worten zu lösen, weil über dem Liber diurnus von jeher ein ungünstiges Schicksal gewaltet hat und noch waltet, und weil wir gerade über das was bei unserer Frage den Ausschlag gibt, über das Alter der Handschriften und über ihre Beschaffenheit nur ungenügend unterrichtet sind. Es sind meines Wissens nie mehr als zwei Handschriften dieser für Diplomatik und Geschichte gleich wichtigen Quelle bekannt geworden: die eine ehemals in der Bibliothek des Cistercienserklosters S. Croce di Gerusalemme in Rom²), die andere einst in Sirmond's Besitz, dann in der Bibliotheca collegii S. J. Claromontani; über beide fehlen neuere Angaben. Nach dem erstgenannten Codex hatte bekanntlich Holstenius den Liber diurnus 1650 in Rom drucken lassen, die Veröffentlichung wurde jedoch beanstandet und die Auf-

---

¹) Der mit D. 642 beginnende findet sich im Liber diurnus cap. 7, 19.
²) Blume fand die Bibliothek sehr verwahrlost; weder in seinem Berichte (Iter ital. 3, 152 und 4, 288) noch in den Auszügen, die er Bibl. MS. 155 gibt, wird die Handschrift erwähnt.

lage im Jahre 1662 bis auf wenige Exemplare vernichtet[1]). Aber schon 1680 erschien in Paris die neue Ausgabe Garnier's, der von dem früheren Drucke keine Kenntniss hatte, seinem Texte den Cod. Claromontanus zu Grunde legte und von dem Cod. Romanus nur ein Inhaltsverzeichniss mittheilen konnte. Sie ist, wenn auch wiederholt abgedruckt[2]), die einzige geblieben, obgleich Baluze, Daville, Zaccaria u. a. neue Ausgaben verhiessen.

Nach Garnier nun wäre der grössere Theil dieser Formelsammlung um 714 zum Abschluss gekommen; aber, fügt er hinzu: tam preciosis tamque utilibus venerandae antiquitatis monumentis ausus est, ut quidem suspicor, interpolator aliquis recentiora quaedam et vilia aut inserere aut saltem addere; huiusmodi sunt aliqua apostolicae auctoritatis privilegia non longe distantia ab iis quae eruditis non admodum probantur. Da wäre es also wichtig, genau über Alter, Bestand und Einrichtung der Handschriften unterrichtet zu sein. Garnier jedoch sagt nur, dass der von ihm benutzte Cod. Claromont. neunhundert Jahr alt sei, also in's VIII. Jahrhundert gehöre; ob aber die ganze Sammlung von einer Hand geschrieben, oder die jüngeren Stücke von späteren nachgetragen, erfahren wir von ihm nicht. — Vom Cod. Romanus spricht nur Mabillon in seinem Iter ital. 1,75[3]): er setzt ihn in's IX. Jahrhundert und sagt nichts von etwanigen späteren Eintragungen. Hält man diese zwei Angaben zusammen, so müsste man den Cod. Claromont. als den älteren betrachten. Aber nach den später erschienenen Abhandlungen von Schöpflin und Zaccaria, welche jedoch beide die Handschriften nicht gesehen, stellt sich das Verhältniss anders heraus. Es war bereits vor diesen bekannt geworden, dass Holstenius auch den Cod. Claromont. zur Verfügung gehabt hatte; offenbar hatte er ihn für minder gut gehalten als den von ihm abgedruckten Cod. Romanus. Indem sich nun Schöpflin eines der wenigen Exemplare der von Holstenius besorgten Ausgabe hatte verschaffen können, glaubte auch er aus dem Verhältnisse dieser zu der Garnier'schen

---

[1]) Schöpflin comment. hist. et crit. 499—532. — Zaccaria dissert. de libro diurno, in Bibl. ritualis 2ᵇ, 229—296.

[2]) Die Originaledition ist mir jetzt nicht zur Hand, ich bediene mich für das Folgende des Wiener Nachdruckes von 1762.

[3]) Und Museum ital. 1, 32, wo auch einige in der Ausgabe Garniér's fehlende Formeln mitgetheilt werden.

folgern zu müssen, dass die römische Handschrift die ältere und bessere sei. Dem stimmte Zaccaria bei, der überdies aus dem Datum einer Formel, wie es sich im Cod. Claromont. findet, nachwies, dass dieser erst unter Gregor IV., also nach 827 geschrieben sein könne, wozu auch passt, dass Labbé denselben abweichend von Garnier in das IX. Jahrhundert gesetzt hatte. Was lässt sich aus diesen unsichern und sich zum Theil widersprechenden Angaben Anderes entnehmen, als dass wahrscheinlich beide Codices dem IX. Jahrhundert angehören?

Auch das weitere Verhältniss der Handschriften zu einander lässt sich aus dem, was Schöpflin und Zaccaria aus dem Abdrucke von Holstenius mitgetheilt haben, nicht mit voller Sicherheit feststellen. Ich beschränke mich also darauf, hervorzuheben, was die mit den Fulder Urkunden zu vergleichende Formel anbetrifft. Aus der Reihenfolge der Stücke in beiden Manuscripten lässt sich nämlich annähernd berechnen, wann unsere Privilegienformel in die Sammlung aufgenommen sein muss. Die Ordnung in beiden Codices ist nicht überall dieselbe, doch hat sie das in beiden gemein, dass die Formeln weder dem Inhalte nach, noch nach der Zeit der Entstehung zusammengestellt sind. Das zeigen unter andern folgende Fälle aus dem Cod. Romanus. Das Indiculum episcopi (Garnier 3, 8), das dem Eide des Bonifacius entspricht, geht dem Indiculum episcopi de Langobardia (G. 3, 9), welches bis in die Zeit Gregor's I. zurückreicht, voran, und gleich darauf folgt dann die jedenfalls jüngere Privilegienformel (G. 7, 12): si semper sunt concedenda. Oder auf ein Responsum (G. 5, 21) das mit einem Briefe Gregor's I. übereinstimmt, folgt unmittelbar die den Fulder Privilegien gleiche Formel (G. 7, 1): quoniam semper sunt concedenda; die übrigen Privilegienformeln stehen alle am Schlusse der Handschrift. In dem andern Codex findet sich die letztgenannte Formel an derselben Stelle, die erstere aber mit den andern Privilegien am Schlusse. Daraus nun, dass das uns hier besonders interessirende Stück in beiden Handschriften an derselben Stelle eingetragen ist, lässt sich doch etwas folgern. Es wäre gewiss ein seltsamer Zufall, wenn diese Formel in beide Codices erst nach deren Abfassungszeit eingetragen und dann doch genau an derselben Stelle eingeschaltet worden wäre. Der erwähnte Umstand macht es vielmehr wahrscheinlich, dass zur Zeit, da die eine Handschrift aus der andern oder da beide aus einer gemeinsamen Quelle abgeschrieben wurden, unsere Formel bereits an der betreffenden Stelle eingereiht war. Somit sind wir, wenn auch immer hin eine Bestätigung durch genauere Angaben über die handschriftliche Überlieferung erwünscht bleibt, zu der Annahme berechtigt, dass die Formel: quoniam semper sunt concedenda spätestens im IX. Jahrhundert, dem die Codices angehören, in den Liber diurnus, d. h. in die officielle Formelsammlung der päpstlichen Kanzlei aufgenommen worden ist.

Halten wir nun damit das früher gewonnene Resultat zusammen. In Fulda hat man eine dem P. Zacharias zugeschriebene Urkunde, wie sie Dronke 4ᵃ abdruckt, im X. Jahrhundert gehabt. Eine gleiche muss aber schon gegen Ausgang des VIII. Jahrhunderts vorhanden gewesen sein, indem sich nicht allein der Hauptinhalt der Bulle, sondern auch ein grosser Theil des Wortlautes in dem vor 800 geschriebenen Stücke, dass seinen äussern Merkmalen nach Copie einer königlichen Privilegienbestätigung sein kann, wiederholt finden. Auf der andern Seite kehrt der ganze Wortlaut der auf den Namen des Zacharias lautenden Fulder Bulle spätestens im IX. Jahrhundert in der Formelsammlung der päpstlichen Kanzlei wieder und eben so mit grösseren oder geringeren, wie wir noch sehen werden, den jeweiligen Verhältnissen entsprechenden Modificationen, in zahlreichen Bullen, von denen die seit der Mitte des IX. Jahrhunderts auch formell richtig erscheinen. Dieser Zusammenhang lässt sich nur auf zweierlei Weise erklären. Die jedenfalls vor 800 existirende Redaction ist entweder in Rom, in der päpstlichen Kanzlei entstanden, ist von dort einerseits in Form einer Originalausfertigung (unter welchem Papste lasse ich noch dahingestellt) nach Fulda gekommen und ist da theilweise auch für die Abfassung einer dem K. Pippin zugeschriebenen Confirmation benützt worden; andererseits in Rom in die päpstlichen Register eingetragen hat sie als Vorlage für die folgenden Bullen gedient und ist endlich auch spätestens im IX. Jahrhundert in die officielle Formelsammlung aufgenommen. Oder die Redaction ist in dem Kloster und als Fälschung entstanden, einerseits dort für weitere Fälschungen unter dem Namen verschiedener Päpste und des K. Pippin benutzt, andererseits nach Rom vor die Curie gebracht, und zwar zu einer Zeit, wo man in Rom die Fälschung leicht als solche erkennen konnte, und ist dennoch von der Kanzlei irgend eines Papstes für eine Originalbulle verwerthet und endlich sogar als Musterurkunde in den Liber diurnus aufgenommen worden. Ich stehe nicht an die erstere Annahme als die wahrscheinlichere zu bezeichnen und die Fassung als in der römischen Kanzlei entstanden, also als im Wesentlichen echt zu betrachten.

Man kann, was Ort und Zeit der Entstehung dieser Redaction anbetrifft, auch noch auf eine Bulle hinweisen, welche P. Stephan III. 757 dem Abte Fulrad von S. Denis (Jaffé 1782) ertheilte. Ich weiss was in zahlreichen Streitschriften des XVII. und XVIII. Jahrhunderts gegen diese und andere Bullen für dasselbe Kloster vorgebracht ist, und gewiss sind sämmtliche Fassungen, in denen J. 1782 auf uns gekommen ist, interpolirt und verunechtet. Dennoch lässt sich sowohl die Existenz einer derartigen Urkunde für S. Denis als auch das nachweisen, dass der Hauptinhalt derselben und ein Theil des Wortlautes denen von J. 1782 entsprochen haben muss. Namentlich ergibt sich aus den Verhandlungen des synodus apud Vermeriam a. 853 in LL. 1, 421, dass Fulrad ein unter andern seine Klosterstiftungen betreffendes Privilegium etwa des Inhalts von J. 1782 erhalten hatte. Des weiteren stimmt der Wortlaut auch dieser Bulle zum grossen Theil mit einer andern Formel des Liber diurnus (Garnier cap. 7, 2) überein, namentlich ist der Prolog ganz derselbe¹). Und indem nun diese Privilegienformel nichts anderes ist als die mit den Fulder Bullen übereinstimmende Formel mit einem längeren, an Strafandrohungen reichen Zusatze, so kann was diesen Formeln gemeinsam ist und einerseits in den Handschriften des Liber diurnus aus dem IX. Jahrhundert, andererseits um dieselbe Zeit in Copien von Urkunden in Fuld und S. Denis nachweisbar ist, nur in Rom entstanden sein und muss dort schon um die Mitte des VIII. Jahrhunderts, dem die Bullen für beide Klöster angehören, entstanden sein.

Diese nähere Zeitbestimmung ergibt sich auch aus einer anderen Betrachtung. Steht es einmal fest, dass um 800, um die Zeit da die

---

¹) Den Schluss von J. 1782 halte ich für am stärksten überarbeitet. Dagegen kehren die Schlusssätze der Formel wörtlich wieder in der Bulle Hadrian's von 786 für S. Denis (Jaffé 1886), welche jetzt besser als bisher aus einer Copie des IX. Jahrhunderts in Tardif Nr. 84 abgedruckt ist. Diese Übereinstimmung spricht auch wieder zu Gunsten dieser Bulle und für das Zurückreichen der Formel in das VIII. Jahrhundert. Man vergleiche auch den Prolog von Jaffé 1784 mit Lib. diurnus ed. Garnier cap. 7, 13.

Copie der Urkunde Pippin's geschrieben wurde, die betreffende
Fassung existirte, und zwar in einer päpstlichen Bulle nach Fulda
gekommen war, und fragt es sich nur noch, ob wir sie auf eine
Bulle des Zacharias von 751, wie Dronke 4ª, oder auf eine Hadrian's
von 774, wie Dronke 77, oder auf eine Bulle eines andern Papstes
dieser Zeit zurückführen sollen, so gibt das den Ausschlag, dass die
Ausübung eines allerdings ganz neuen Rechtes durch den Papst und
die Ertheilung einer ganz besonderen Bulle für das Kloster am
ehesten zu Lebzeiten des ebenfalls in besonderem Verhältniss zu
Rom stehenden Bonifacius stattfinden konnten, weit eher als später
da Sturm und Baugulf Äbte waren. Somit betrachte ich Inhalt und
Fassung von Dronke 4ª im ganzen und grossen genommen als echt
und als die Grundlage der wesentlich gleichlautenden Bullen der
späteren Päpste¹).

Gehen wir nun noch näher auf den Inhalt der betreffenden
Bullen und der ihre Bestimmungen wiederholenden Diplome ein..
Die Hauptschwierigkeit ist hier, da alle diese Documente nur
abschriftlich und offenbar einerseits in den Formeln, möglicher
Weise auch im Contexte verstümmelt, andererseits auch wieder
interpolirt vorliegen, den ursprünglichen Wortlaut und die unechte
Zuthat festzustellen: es wird sich das nur bis zu einem gewissen
Grade mit Sicherheit durchführen lassen und es werden immer
einzelne Sätze oder Bestimmungen übrig bleiben, deren Charakter
zweifelhaft sein wird. Nachdem ich schon früher vorläufig angegeben habe, was ich in Dronke 4ª für echt halte, weil es in allen
folgenden Bullen wiederkehrt, noch mehr weil es mit der Formel
des Liber diurnus übereinstimmt, will ich hier den Wortlaut der
Bulle und der Formel, dessen wir ohnedies für die weiteren Erörte-
rungen bedürfen, nebeneinander stellen. Die Bulle liegt, wie gesagt,
in Abschrift des X. Jahrhunderts vor; was in ihr von der Formel
abweicht, bezeichne ich durch schräge Buchstaben. Die Formel
gebe ich so wie sie nach den von Schöpflin aus dem Druck des
Holstenius mitg-theilten Lesarten im Cod. s. Crucis enthalten sein
soll, verzeichne aber zugleich in Anmerkungen die Varianten der
Garnier'schen Ausgabe oder des Cod. Claromontanus.

---

¹) Das in den Abschriften dieser Fassung fehlende Datum wird man am füglichsten
aus Dronke 4ᵇ entlehnen können, aus der erweiterten Fassung derselben Bulle.

Liber diurnus:

Privilegium monasterii [1]):
Quoniam semper sunt concedenda quae rationabilibus congruunt desideriis, oportet ut devotioni conditoris [2]) piae constructionis oraculum [3]) in privilegiis praestandis minime denegetur.

Igitur quia postulasti a nobis quatenus monasterium sancti illius situm in loco illo privilegii sedis apostolicae infulis decoretur [4]), ut sub iurisdictione sanctae nostrae, cui deo auctore deservimus, ecclesiae constitutum nullius alterius ecclesiae iurisdictionibus submittatur.

Pro qua re piis desideriis faventes hac nostra auctoritate id quod exposcitur effectui mancipamus, et ideo omnem cuiuslibet ecclesiae sacerdotem in praefato monasterio ditionem quamlibet habere hac auctoritate [5]) praeter sedem apostolicam prohibemus, ita ut, nisi ab abbate monasterii fuerit invitatus, nec missarum ibidem solemnitatem quispiam praesumat omnimodo cele-

Bulla Zachariae:

(Nach den gewöhnlichen Eingangsformeln.) Quoniam semper sunt concedenda quae rationabilibus congruunt desideriis, oportet ut devotioni conditoris piae constructionis *auctoritas* in privilegiis prestandis minime denegetur.

Igitur quia postulasti a nobis quatenus monasterium *Salvatoris a te constructum* in loco *qui vocatur Boconia erga ripam fluminis Vultaka* privilegii sedis apostolicae infulis decoretur, ut sub iurisdictione sanctae nostrae, cui *domino* auctore deservimus, aecclesiae constitutum nullius alterius aecclesiae iursiditionibus submittatur.

Pro qua re piis desideriis faventes hac nostra auctoritate id quod exposcitur effectui mancipamus, et ideo omnem cuiuslibet aecclesiae saderdotem in prefato monasterio ditionem quamlibet habere *aut auctoritatem* preter sedem apostolicam prohibemus, ita ut, nisi ab abbate monasterii fuerit invitatus, nec missarum ibidem sollemnitatem quispiam presumat omnimodo celebrare, ut profecto

---

[1]) Fehlt in ed. Garn.
[2]) Ed. Garn.: devotio conditori.
[3]) Ed. G.: oraculi.
[4]) Ed. G.: privilegiis sedis apostolicae decoretur. An dem Worte infulis nahm Eckhart besonders Anstoss. Aber nicht allein an dieser Stelle wird es im cod. s. Crucis gebraucht, sondern (s. Schöpflin l. c. 529) auch noch in einer andern Privilegienformel, welche eine jüngere Erweiterung unserer Formel zu sein scheint. Iufulae ist hier gleich dem auch in päpstlichen Urkunden begegnenden apices.
[5]) Ed. G.: vel auctoritatem.

brare, ut profecto iuxta id quod subiecti apostolicis privilegiis consistunt, inconcusse locus dotatus permaneat [1]).

iuxta id quod *subiectum apostolicae sedi firmitate privilegii consistit*, inconcusse dotatum permaneat *locis et rebus, tam eis quas moderno tempore tenet vel possidet, quam que futuris temporibus in iure ipsius monasterii divina voluerit augere ex donis et oblationibus decimisque fidelium, absque ullius personae contradictione firmitate perpetua perfruatur.*

Constituentes per huius decreti nostri paginam atque interdicentes omnibus omnino cuiuslibet ecclesiae praesulibus vel cuiuscunque dignitatis potestate praeditis sub anathematis interpositione, qui huius praesumpserit constituti [2]) a nobis praefato monasterio indulti quolibet modo existere temerator ... [3]).

Constituimus *quoque* per huius decreti nostri paginam, *ut quicunque* cuiuslibet aecclesiae presul vel quacunque dignitate predita *persona hanc nostri privilegii cartam, quam auctoritate principis apostolorum firmamus, temerare temptaverit, anathema sit et iram dei incurrens a cetu sanctorum omnium extorris existat, et nihilominus prefati monasterii dignitas a nobis indulta perpetualiter inviolata permaneat apostolica auctoritate subnixa.*

Die grösste Differenz zeigt sich also im letzten Absatze. Sie ist aber ganz unwesentlich, betrifft nur was Formel ist und nicht den materiellen Inhalt der Urkunde. Schon dass dieser Schlussatz im Cod. s. Crucis abbricht, im Cod. Clarom. mit etcetera endet, zeigt dass dem Urkundenschreiber überlassen blieb, welchen speciellen Wortlaut er dieser Formel geben wollte; umgekehrt liess man in Rom diese Formel auch wieder weg, wenn man von einer ertheilten Urkunde Abschrift für das officielle Registrum nahm. Wie es da auf

---

[1]) Ed. G.: praesumat celebrare. Omnimodo constituentes.
[2]) Ed. G.: qui praesumpserit praesentis constituti.
[3]) Ed. G.: temerator etc.

den disponirenden Theil allein ankam, so ist dieser hier auch für uns der wichtigere.

Das aussergewöhnliche des Inhalts ist, dass Fulda (et ideo omnem — prohibemus) der Jurisdiction jeder andern geistlichen Autorität, d. h. auch des Diöcesanbischofs entzogen und ausschliesslich der Jurisdiction des päpstlichen Stuhles unterstellt wird[1]). Andere von Bischöfen ertheilte Klosterprivilegien betonen dass nihil de canonica institutione convellitur, gewähren nur Garantien gegen den Missbrauch der Episcopalgewalt und lassen das bischöfliche Oberaufsichtsrecht fortbestehen[2]); hier aber wird geradezu das canonisch feststehende Recht des Bischofs aufgehoben. Und dass das der Sinn dieser Worte ist, wird durch den einen und andern Zusatz der folgenden Bullen noch deutlicher gemacht. Die Bestimmung, die zuerst in der Urkunde Nicolaus I. von 859 (Dronke 575) auftaucht und dann, bis 943 zu der ältesten knappen Fassung zurückgekehrt wird, beibehalten wird: ceterum vero deliberantes decernimus, ut congruis temporibus nostrae sollicitudini ecclesiasticae intimetur, qualiter religio monastica regulari habitu dirigatur concordiaeque convenienti ecclesiastico studio mancipetur, ne forte quod absit sub huius privilegii obtentu animus gressusque rectitudinis vestrae a norma iustitiae aliquo modo retorqueatur — diese Bestimmung wie sie sonst damals nicht vorkommt, setzt eine specielle Beaufsichtigung durch den Papst mit Umgehung des Ortsbischofs voraus und wird auch geradezu als Corollar des besonderen Privilegiums bezeichnet. Und dass gar kein Zweifel bestehe über die Exemtion vom Diöcesanbischofe, wird noch später von Leo IX. (Dr. 750, a. 1049) zu omnem sacerdotem prohibemus ausdrücklich hinzugesetzt: specialiter episcopum in cuius diocesi (monasterium) constructum esse videtur[3]).

---

[1]) In Rozière 158 und B. 420 ist mit sedes apostolica der Ortsbischof gemeint, hier aber der Papst als Inhaber der Gewalt sanctae nostrae ecclesiae, wie es am Eingang heisst.

[2]) In ihnen ist auch nie von iurisdictio die Rede, sondern nur von potestas, principatus, pontificium u. dgl.

[3]) Ich führe diese viel spätere Bulle an, weil sie noch in Original vorliegt. Es findet sich aber auch schon in den abschriftlichen Urkunden Hadrian's von 784 und des P. Marinus von 943: omnem sacerdotem cuiuslibet ecclesiae vel episcopum .. prohibemus. — Zur Zeit Leo's wird das Kloster ausserdem von den Päpsten als ihr Eigenthum betrachtet: siehe Giesebrecht 1⁴ Ausg. 2, 560 und Ficker Reichsfürstenstand 1, 342.

Die Befugnisse des Ortsbischofs werden nach der Bulle des Zacharias darauf beschränkt (ita ut nisi — omnimodo celebrare), dass er auf Einladung des Abtes die Messe im Kloster celebriren darf. Das erinnert an die allerdings nicht so weit gehenden Bestimmungen der bischöflichen Privilegien über den introitus episcopi. Aber gerade in diesem Puncte weichen die Fulda nach und nach ertheilten Bullen vielfach von einander ab. Hadrian spricht 784 dem Bischof auch noch das Recht zu, die Altäre einzuweihen und die Cleriker zu ordiniren. Die Bullen vom Jahre 828 an bis 936 (Dronke 477 bis 681) erwähnen nur die sollemnitas missarum und die consecratio altaris als dem Bischofe zustehend, die vom Jahre 943 an (D. 685 sequ.) nur wie die älteste Bulle die sollemnitas missarum. Da drängt sich die Frage auf, ob das etwa nur stilistische Differenzen sind, der Art, dass die einzelnen Functionen bald eine allein, bald mehrere nur als Beispiele aufgeführt, damit aber alle sonst den Bischöfen vorbehaltene Verrichtungen gemeint sind, oder ob sich in den verschiedenen Fassungen auch verschiedene Phasen abspiegeln, woran sich im letzteren Falle die Frage knüpfen würde, ob wir den den Rechten des Klosters günstigeren Wortlaut der ältesten Bulle als ursprünglich und unverändert ansehen dürfen oder hier eine absichtliche Auslassung der in Dronke 77, 477 u. a. enthaltenen weiteren Worte annehmen wollen.

Ich halte die Differenzen für absichtliche und halte den betreffenden Passus in der Bulle des Zacharias für nicht verstümmelt. In letzterer Hinsicht kommt wieder in Betracht, dass die Stelle ganz eben so lautet im Liber diurnus und in der diese Sätze des Privilegiums wiederholenden Confirmation Pippin's. Und umgekehrt zeugt auch wieder diese Übereinstimmung für die Entstehung der ganzen Redaction vor dem Jahre 784, in dem Hadrian in seiner Bulle für Fulda diese Bestimmung durch den eben angegebenen Zusatz modificirte. Auch steht der Fall, dass dem Bischofe nur noch die celebratio missarum auf Einladung des Abtes zugestanden wurde, nicht ganz vereinzelt da: in der Bulle Leo's III. für S. Denis vom Jahre 798 [1]) wird ausdrücklich die Consecration der Altäre und des

---

[1]) Jaffé 1911. — Aus allerdings nicht fehlerfreier, selbst den Namen des Abtes verwechselnder Copie des IX. Jahrhunderts in Tardif Nr. 98.

Chrisma, so wie die Ertheilung der Weihen dem Diöcesanbischof ab und dem eigenen Bischofe des Klosters zugesprochen. Dann erscheint es als ein von Hadrian dem Erzbischof Lullus, der Fulda in jeder Hinsicht unter seine Gewalt zu bringen versuchte, gemachtes Zugeständniss, dass ihm in Dronke 77 das Recht der Consecration und Ordination wieder zuerkannt wurde. So würde sich auch erklären, dass in dieser Bulle Hadrian's, der offenbar die des P. Zacharias zu Grunde gelegt wurde, in die dann aber die modificirte Bestimmung einzuschalten war, der betreffende Passus, vorausgesetzt dass er uns wortgetreu überliefert ist[1]), so unbeholfen und geradezu undeutlich stilisirt worden ist. Aber die Mönche hörten nicht auf nach Emancipation jeder Art von den Mainzer Erzbischöfen zu streben, und so gelang es ihnen schon im Jahre 828 eine für sie in dieser Hinsicht wieder günstiger lautende Bulle und endlich seit 943 Bullen auszuwirken, welche die bischöflichen Befugnisse wie zu Zeiten des Bonifacius einschränkten und schliesslich, wie bekannt, dahin führten, dass die Äbte von Fuld alle Episcopalrechte an sich brachten.

Auf die bisher erläuterten Sätze folgt in der Bulle des Zacharias der Passus: ut profecto — dotatum permaneat, der wenn auch etwas anders construirt, gleichfalls noch in der römischen Formel begegnet. Dieses gewichtige Zeugniss für die Ursprünglichkeit und Echtheit geht uns aber ab für die weiteren Worte: locis et rebus — firmitate perpetua perfruatur. Und auch in den jüngeren Privilegienformeln, welche eine speciellere Besitzbestätigung enthalten, pflegt dies etwas anderes als in den Fulder Bullen ausgedrückt zu werden; die Fassung in diesen von locis et rebus an erinnert geradezu an die in den königlichen Urkunden übliche. Dennoch scheinen mir auch diese Worte unbedenklich: sie schliessen sich im Sinn und in der Construction durchaus an die unmittelbar vorhergehenden an und geben diesen erst die rechte Bedeutung. Der im ersten Theil der Bulle ausgesprochene Ausschluss der Jurisdiction und Autorität des Bischofs begreift offenbar, so gut wie in den bischöflichen Privilegien, auch den Ausschluss des Dominium in sich, welches wenn das Kloster nicht für unabhängig erklärt und ihm nicht seine eigene Dotation zugesprochen worden

---

[1]) Was keineswegs von der ganzen Urkunde angenommen werden kann.

wäre, den Mainzer Bischöfen als Nachfolgern des Stifters Bonifacius
zugestanden hätte. Mit den Worten: ut profecto etc. wird nun
ausdrücklich dem Kloster das Verfügungsrecht zuerkannt, und dies
wird in der Urkunde nur weiter ausgeführt als in der Formel. Und
können wir nicht auch für den speciellen ausführlichen Wortlaut
die Bürgschaft der Formel anführen, so zeugt doch der übereinstimmende Wortlaut mehrerer königlichen Diplome, von denen
einige allerdings nur verderbt überliefert sind, deren Reihe aber
gleichfalls mit unanfechtbaren Originalen abschliesst, für dessen
Echtheit.

Das älteste den gleichen Satz enthaltende Diplom ist das
Pippin's von dem wir ausgegangen sind. Es folgt dann die früher
(S. 49) schon citirte Urkunde Karl d. G. in Dronke 248, die
hier eingehender zu besprechen. Böhmer kannte diese noch nicht
und verzeichnete statt ihrer als B. 188 ein anderes Stück ähnlichen
Inhalts, das in Dronke 247 aus angeblichem Original abgedruckt
ist. Das betreffende Schriftstück im Fulder Archive ist aber
schon äusserlich betrachtet eines der ungeschicktesten Machwerke,
ist im Protokoll falsch (Formeln der Königszeit, während das
Datum auf die kaiserliche hinweist), und wenn es trotzdem in der
Arenga und im Context ziemlich gut lautet, so läuft das darauf
hinaus, dass der Verfertiger des Falsificats sich der Fassung der
echten Schenkungsurkunden Karl's für Fulda B. 87, 113, 114
bedient hat. Dagegen halte ich das praeceptum de decimis im cod.
Eberhardi (Dronke 248) für echt, wenn auch die Unterschrift des
Kanzlers in Eberhard's nachlässiger Weise verändert und das
Datum ausgelassen ist, das man wohl, da dazu die Kanzlernamen
passen, aus Dr. 247 ergänzen kann. Die Stilisirung entspricht der
in der letzten Zeit des Kaisers, und was allein ungewöhnlich ist,
die Androhung der sententia apostolicae districtionis und die
Participialconstruction am Schluss, erklärt sich wie bei B. 3
dadurch, dass sich die Fassung der der Eingangs erwähnten Bulle
des Zacharias anschliesst. Der Inhalt ist ganz unbedenklich, die
Hauptsache ist: sedis apostolice et genitoris nostri confirmamus
decretum [1]), also das Privilegium des Zacharias und die dazu

---

[1]) Decretum wird zuweilen von königl. Erlässen, wie LL. 1, 4. 13, 39 gebraucht,
von capitularia per se scribenda (s. Boretius die Capitularien 18) und ferner gleich

gehörige Confirmation Pippin's. Indem aber diese Bestätigung Karl's speciell dadurch veranlasst wurde, dass die Bischöfe, in deren Sprengeln Fuld begütert war, dem Kloster streitig gemacht hatten, was ihm an Schenkungen und Zehnten dargebracht war, wurde hier nicht wie in B. 3 der vollständige Wortlaut des päpstlichen Privilegiums in die Confirmation aufgenommen, sondern statt dessen ausführlich der streitige Punct behandelt und dabei geschah es dass auch der Passus, den wir jetzt besprechen, wiederholt wurde. Letzterer findet sich dann auch wieder unter Ludwig d. F., der ebenfalls um seine Bestätigung angegangen wurde und sie 840 in Dronke 526 ertheilte. Wer wird hier an den von Eberhard verunstalteten Formeln der Invocation und des Titels Anstoss nehmen, wenn er andererseits bemerkt, wie auch diese Urkunde in ihrem letzten Theile: si autem quispiam — impressione signatum durch die Stilisirung der vorgelegten Bulle beeinflusst ist und eben dadurch den Stempel der Echtheit erhält? Heisst es hier im Eingange, dass nach den producirten päpstlichen und königlichen Urkunden: nullus episcoporum ius sibi aliquod in eodem monasterio vindicaret, so ist damit richtig der Kern der älteren Urkunden wiedergegeben; im weiteren aber wird, wie 810 in Folge der speciellen Veranlassung das Recht an den oblationes und decimae besondere Berücksichtigung fand, hier nun der Ausschluss des Dominium eines jeden andern und namentlich des Bischofs betont. Das entspricht dem allgemeinen Usus bei Confirmationen: zuweilen, jedoch gerade unter Ludwig d. F. selten, sind sie wörtliche Wiederholungen; werden sie aber neu stilisirt, so ist es bald diese, bald jene Bestimmung der Vorlage, welche ausführlicher behandelt wird, womit aber zugleich die gesammten in der Vorlage enthaltenen Rechte bestätigt werden sollen.

Ich kehre noch einmal zu der Urkunde Karl's von 810 zurück. Insofern sie eine Entscheidung über den Fulder Zehnten enthält, habe ich sie schon in Beiträgen z. D. 2, 142 erläutert. Zu berichtigen habe ich aber, dass die entschieden weiter gehende Bestimmung, welche ich in der Urkunde Ludwig d. D. Dronke 614

---

privilegium von kirchliche Verhältnisse regelnden Urkunden; so in Rozière 575 am Schlusse: praeceptum decreti, oder in der Gütertheilung zwischen Bischof und Kanonikern B. 347.

für bedenklich und welche ich erst durch das Originaldiplom Konrad's vom J. 912 für beglaubigt hielt, doch schon unter jenem Könige getroffen ist. Ich habe nämlich seitdem in Fulda ein bisher noch nicht gedrucktes Original Ludwig d. D. vom 14. Juni 875, ferner ein gleichlautendes seines Sohnes Ludwig vom 23. Juli 880 kennen gelernt, welche in Inhalt und zum Theil in der Fassung mit Dronke 614 übereinstimmen [1]). Obschon nun in diesem Diplome ein Punct zu Gunsten des Klosters geändert wird, so ist doch auch für ihre Redaction die ältere Urkunde Karl d. G. benützt und sind auch in sie einzelne Sätze dieser hinübergenommen. Und das gilt nun auch von dem Passus, dem wir zuerst in der Bulle des Zacharias und in der Confirmation Pippin's begegneten, so dass dessen Wortlaut gleichfalls durch mehrere abschriftliche Urkunden, endlich durch eine Originalurkunde beglaubigt wird [2]). Wir haben somit für den ganzen Wortlaut der Bulle des Zacharias, also auch für das was aus ihr in die Confirmation Pippins übergegangen ist, bestätigende Zeugnisse gefunden, und ist nun auch die Mehrzahl derselben allerdings wieder Fulder Urkunden entnommen und ist insofern der Möglichkeit Raum gegeben, dass die sachliche und stilistische Übereinstimmung die Folge einer umfassenden, sehr geschickten, schon um 800 begonnenen und dann im Laufe der Zeit consequent fortgesetzten Fälschung sei, so haben wir doch auch in der Formel des Liber diurnus ein Zeugniss kennen gelernt, das ausserhalb Fuld entstanden und ausserhalb des Bereiches jeder dortigen Fälschung gelegen und überliefert ist; mögen also auch die Fulder Zeugnisse unter sich verschiedener Art und verschiedenen Werthes sein und alle zusammen genommen noch nicht überzeugend sein, so geben sie uns doch mit dem aus Rom stammenden Documente zusammengehalten, so weit es in diesen Dingen möglich ist, die Gewissheit, dass Fulda schon in

---

[1]) Also wieder ein Beispiel, wie die Fulder Urkunden von den Abschreibern verunstaltet sind, und zugleich eine neue Warnung, was offenbar verderbt ist, nicht geradezu zu verwerfen, sondern auch in solchen Fällen noch den Versuch zu machen, durch eingehende Vergleichung aller einschläglichen Stücke den echten Inhalt aus der verderbten Fassung herauszuschälen.

[2]) Von Ludwig d. D., dessen Diplom vom 875 den Zehnten allein betrifft, wird nur auf eine Entscheidung Karl's, nicht auf eine gleiche Ludwig d. F. hingewiesen; das entspricht ganz dem, dass obschon Dronke 248 und 526 zusammengehören, in dem letzteren Stücke der Zehnte nur gelegentlich erwähnt, in jenem aber ausführlichere Bestimmungen über denselben getroffen werden.

seinen Anfängen jenes uns noch vorliegende Privilegium des P. Zacharias erhalten hat.

Es ist schon bemerkt worden, dass in der Bulle des P. Zacharias und so fort in allen Bullen des IX. Jahrhunderts für Fulda keine Bestimmungen über die Abtswahl, wie sie sich in den bischöflichen Privilegien finden, enthalten sind. Dieses Recht wurde den Mönchen von den Königen ertheilt, zuerst am 24. September 774 von Karl d. G. in Dronke 47 ex cod. Eberhardi. Diese Urkunde ist gleichzeitig mit einer Immunität für das Kloster ausgestellt, und wie für die letztere, so ist auch für die erstere eine Formel Marculf's gebraucht worden. Denn der lange Prolog und der Schlusssatz: quod praeceptum decreti etc. mit der alten Wendung: manus nostre subscriptionibus subter decernimus roborare sind wieder wörtlich Roz. 575 (Marculf 1, 2) nachgeschrieben, während der dazwischen liegende Theil selbstständig stilisirt ist und nur in den speciell das Wahlrecht betreffenden Worten an die Fassung in analogen Urkunden anklingt. Das ist nun in doppelter Hinsicht bezeichnend. Verfügung über Abtswahl haben wir früher als eine der Hauptbestimmungen in den Privilegien und in deren Bestätigungen kennen gelernt; indem Karl eine solche für Fuld treffen will, bedienen sich also die Notare auch hier der überlieferten Formel für concessio ad privilegium. Aber dann copiren sie doch nur die unwesentlicheren Theile derselben und übergehen den ganzen disponirenden Theil. Offenbar doch, weil dieser auf die Verhältnisse von Fulda nicht passt, denn dieses Kloster hat eben nicht ein bischöfliches Privilegium des bei diesen herkömmlichen Inhalts, worauf sich die weitere Fassung von Roz. 575 bezieht sondern ein päpstliches besonderen Inhalts. So wird auch dadurch indirect bestätigt, dass dieses Kloster ein ihm eigenthümliches Privilegium hatte. Übrigens wurde in der Folgezeit die Bestimmung über die Abtswahl, wie es schon in den späteren Jahren Karl's die Regel wurde, mit den Immunitätsverleihungen verbunden, so zuerst in der Originalurkunde Ludwig d. F. von 816 in Dronke 322 [1]).

---

[1]) Nur das vom Herausgeber mit A bezeichnete Stück im Fulder Landesarchive ist Originalausfertigung. Dronke's B ist eine Copie, deren Schreiber allerdings die Form der Authentica nachahmen will, aber wenig reussirt; das angeheftete Siegel ist das Ludwig des Kindes. Ausserdem fand ich in Fulda noch drei alte Abschriften derselben Urkunde, ein Umstand der beweist, dass man wichtige Diplome, um von ihnen Gebrauch zu machen, sehr oft vervielfältigte. Spätere wussten dann oft

Es ist ganz richtig, was die Gegner der Fulder Privilegien: Launoy, Thomassin, Eckhart u. s. w. sagen, dass der P. Zacharias in seinem Privilegium sich über alle kanonischen Bestimmungen hinweggesetzt und durch die Exemtion des Klosters eine bis dahin im Frankenreich unerhörte Neuerung vorgenommen habe. Man darf auch das ausserordentliche Factum nicht einmal durch die z. B. von Rettberg 1, 615 aufgestellte Erwägung abschwächen, dass zu Bonifacius Zeiten die Exemtion von der bischöflichen Gewalt bedeutungslos gewesen sei, indem Bonifacius doch wieder als Legat des Papstes die Jurisdiction über das Kloster ausgeübt habe; denn wie die Reihe der Bullen für Fulda zeigt, hat dasselbe auch in der Folgezeit eine Sonderstellung eingenommen. Wenn dann aber des Weiteren behauptet worden ist, die unerhörte Verletzung der Kanones sei unverträglich mit den von Zacharias und Bonifacius befolgten Tendenzen, sei desshalb geradezu unmöglich und sämmtliche Fulder Urkunden des Inhalts seien somit in Bausch und Bogen zu verwerfen, so werden wir, nachdem wir zunächst von der historischen Frage absehend, die Echtheit der betreffenden Urkunden festgestellt haben, in umgekehrter Richtung Schlüsse zu ziehen haben. Sind die Zeugnisse so vollgiltig, als sie es unter den besonderen Umständen der Überlieferung sein können, so ist auch die Neuerung oder der Ausnahmsfall constatirt, und sind die Zeugnisse vollgiltig, so haben wir ihnen entsprechend auch die Vorstellung von des Bonifacius Wirken, so weit sie durch dieses Factum berührt wird, zu modificiren.

Wenn sein Streben hauptsächlich dahin gerichtet ist, die fränkische Kirche in unmittelbares Abhängigkeitsverhältniss von Rom zu bringen, und zwar durch Wiederherstellung oder Neubegründung des hierarchischen Bandes, durch Übertragung der Gliederung der kirchlichen Autoritäten, wie sie seit Gregor I. entworfen war, auf

---

die Apographa von dem Autographum nicht mehr zu unterscheiden, und so mag es hier und anderwärts geschehen sein, dass man endlich auf die ohnehin schwerer zu entziffernden Originale geringen Werth legte und sie abhanden kommen liess, und schliesslich nur noch mehr oder minder correcte Abschriften aufbewahrte. — Unter diesen drei weiteren Copien ist eine wohl im IX. Jahrhundert angefertigte insofern interessant, als der Schreiber offenbar mit dem Kanzleigebrauch vertraut, sich bemühte, auch die Unterschrift und das Zeichen des ausfertigenden Durandus genau nachzubilden, was ihm auch bis auf einen Fehler in den Tironischen Noten recht gut gelungen ist.

(Sickel.)

Deutschland, wenn demgemäss auch die Klöster von ihm wieder der Episcopalgewalt untergeordnet werden, wie es die zu neuer Anerkennung gebrachten Kanones vorschrieben, so ist und bleibt allerdings die Exemtion seiner Stiftung von der bischöflichen Jurisdiction eine Ausnahme. Dennoch, glaube ich, lässt sich dem Factum eine Seite abgewinnen, welche dasselbe als Ausnahme bestehen und doch in Einklang mit den Tendenzen des Bonifacius erscheinen lässt. Die Folgezeit hat gelehrt, dass die Exemtion von Klöstern und ihre unmittelbare Unterordnung unter Rom diesen einerseits zu Schutz und Nutzen gereicht, andererseits ein sehr wirksames Mittel geworden ist, die Landeskirchen in Abhängigkeit von Rom zu erhalten. Das eine und das andere kann Bonifacius, indem er seiner Stiftung eine Sonderstellung sicherte, kann den Päpsten jener Zeit vorgeschwebt haben.

Und wenn auch innerhalb der fränkischen Kirche (Rettberg 2, 677) der Fall damals vereinzelt dastand und noch lange Zeit hindurch blieb, so lassen sich doch Analogien aus Winfried's Heimatslande nachweisen. In den südlichen Theilen der Heptarchie, in denen die von Gregor aufgestellte römische Form der Kirche mehr und mehr die Oberhand gewonnen hatte, nehmen einzelne Klöster gleichfalls eine besondere Stellung ein. Es verdient schon Beachtung, dass, abgesehen von dem Inhalte der Urkunden, im VIII. Jahrhundert Klöster dieser Länder häufiger, als es von fränkischen Klöstern geschieht, sich päpstliche Bullen erbitten und erhalten. Und in einigen Fällen lässt sich darthun, dass es sich dabei um mehr als um päpstliche Bestätigung von bischöflichen Privilegien handelte, dass die Päpste aus eigener Autorität die Verhältnisse von Klöstern regelten und dass die Zustimmung der Bischöfe erst nachträglich erfolgte. So erzählt uns Beda [1]) von Benedictus Biscopus, dass er sich zum P. Agatho begeben hatte et accepit ab eo in munimentum libertatis monasterii quod fecerat (in honorem s. Petri iuxta ostium fluminis Wiri) epistolam privilegii ex auctoritate apostolica firmatam, iuxta quod Egfridum regem voluisse ac licentiam dedisse noverat, quo concedente et possessionem terrae largiente ipsum monasterium fecerat, und von dem Nachfolger Ceolfrid unter Papst Sergius: privi-

---

[1]) Hist. eccles. 4, 18 in Giles 3, 80 und Vitae abb. Wiremuthensium in Giles 4, 388.

legium ab eo pro tuitione sui monasterii ... accepit, quod Britannias perlatum et coram synodo patefactum presentium episcoporum simul et magnifici regis Alfridi subscriptione confirmatum est. Lernen wir auch aus diesen Stellen den speciellen Inhalt der päpstlichen Privilegien für das britische Kloster nicht kennen, so ergibt sich doch, dass der Vorgang von dem in der fränkischen Kirche üblichen abwich, und dass hier kein bischöfliches Privilegium ad modum monasterii Lirinensis (diese Form war dem Biscopus, der in Lirins Mönch geworden war, offenbar bekannt) vorausgegangen war. Und ich mache noch darauf aufmerksam, dass der von Wirmuth berichtete Hergang ganz derselbe ist, wie in Fulda nach der Urkunde Pippin's; auch diese Stiftung ist durch Länderschenkung des Fürsten entstanden, Bonifaz erwirkt dann das päpstliche Privilegium, welches nach dem Frankenreich gebracht, gleichfalls vom Könige und den zustimmenden Bischöfen und Grossen unterzeichnet wird. Von uns erhaltenen, also die Einzelbestimmungen enthaltenden Bullen für britische Klöster will ich wenigstens eine, Jaffé 1644 vom P. Sergius I. für das monasterium Meldunesbergense anführen [1]). Wenn es da heisst: presentibus apostolicis privilegiis praedicta ... monasteria decernimus munienda, quatenus sub iurisdictione atque tuitione eiusdem, cui et nos deservimus, auctoris nostri b. Petri apostoli et eius, quam dispensamus, ecclesiae et nunc sint et in perpetuum permaneant, ... nulliusque alterius iurisdictionis sint subiecta, nec quisquam episcoporum aut sacerdotum ... qualemcunque iurisdicionem defendere (?) ... praesumat aut missarum solennia ibidem gerere, practer si a ... abbate ... ascitus advenerit, presbyterum vero, si necesse habuerint, a reverendissimo episcopo qui e vicino est consecrandum expostulent, so sind das genau dieselben Bestimmungen, hie und da auch dieselben Ausdrücke, welche wir in den Fulder Bullen angetroffen haben. In den angelsächsischen Reichen mag es um so näher gelegen haben, den sich Rom anschliessenden Klöstern eine bevorzugte Stellung anzuweisen, da die das altbritische Christenthum vertretenden Klöster, Y-Colukill an der Spitze, ebenfalls eine solche einnahmen und da

---

[1]) Allerdings habe ich mich über die Überlieferung der Urkunden für die britischen Klöster nicht unterrichten können und vermag daher nicht über die Echtheit jeder einzelnen zu entscheiden; die oben benützte erscheint mir trotz einiger wohl jüngerer Wendungen die zuverlässigste.

wohl kein Abt um den Preis einer altherkömmlichen Selbstständigkeit in den Verband der römischen Hierarchie einzutreten bereit war. Bestand aber ein Vorbild der Art in dem Lande, dem Bonifacius entstammte und mit dem er stets im regsten Verkehre blieb, so erklärt sich um so eher, dass er auch seiner Stiftung ein gleiches Vorrecht und dem Papste eine gleiche unmittelbare Einflussnahme einräumte.

Ich habe absichtlich bisher keine Notiz genommen von dem was eine alte erzählende Quelle von den Verhältnissen des Fulder Klosters aussagt und was nach der Meinung der Gegner der Fulder Urkunden dieselben vollends als Erdichtungen späterer Jahrhunderte erscheinen lassen soll. Es handelt sich um die von Eigil, der selbst 818 bis 822 Abt des Klosters war, verfasste Vita Sturmi (Pertz SS. 2, 365), in welche die Geschichte von Fuld unter Sturm, des Bonifaz unmittelbarem Nachfolger, verflochten wird. Abgesehen davon dass Eckhart diese Lebensbeschreibung für interpolirt hielt, hat man zwischen dem was die Bulle des Zacharias besagt, und dem was Eigil erzählt, allerlei Widersprüche gesehen: zum Theil weil man weder den Inhalt der Urkunde noch den der Erzählung richtig aufgefasst hat, zum Theil weil man übersehen hat, dass der factische Verlauf der Dinge ein anderer sein kann als durch urkundliches Recht bestimmt wird, ohne dass dadurch allein das Zeugniss der betreffenden Urkunden umgestossen zu werden braucht. Ich will mich jedoch hier nicht im Einzelnen auf eine Widerlegung der irrigen Behauptungen, welche über das Verhältniss der Fulder Urkunden zu Eigil's Darstellung vorgebracht sind, einlassen; ich werde nur zunächst den Biographen reden lassen und dann seine Angaben der Reihe nach prüfen.

Nach der Vita Sturmi liess sich Bonifaz von Carlomann das für die neue Stiftung ausgesuchte Land schenken, auf dass dort Mönche Gott dienen sollten per vestram (Carlomanni) defensionem. Schon zu Bonifaz' Lebzeiten war Sturm Abt geworden. Der war darauf bedacht, als Bonifaz den Märtyrertod erlitten, die Gebeine desselben nach Fuld transferiren zu lassen. Darüber und über Anderes grollte ihm Lullus, der dem Bonifacius auf dem Mainzer Stuhle nachgefolgt war. Auch im Kloster fanden sich Brüder, die ihrem Abte nicht wohl wollten und die ihn bei dem Könige Pippin verklagten. Sturm wurde in Folge davon seinem Kloster entrissen und auf zwei Jahre nach Jumièges verbannt. Lullus interim obtinuit apud Pippinum regem munera iniusta tribuendo, ut monasterium Fulda in suum dominium donaretur acceptaque super illud ditione abbatem ibi qui sibi omnia obtemperaret constituit. Diesen aufgedrängten Abt verjagen aber die Mönche und verlangen Sturm zurück. Lullus gibt in etwas nach und gestattet den Brüdern sich einen andern Abt zu wählen. Die Wahl fällt auf einen Anhänger Sturm's, auf Pezzold, der tempus non modicum fratribus praefuit. Indessen ist Sturm aus der Verbannung zu Hofe gekommen, wo ihn der König begnadigt. Wie nun die Mönche Pippin bitten, ihnen den geliebten Abt zurückzugeben, post non multum temporis spatium rex ... ei monasterium Fuldae quod prius habuit ad regendum commendavit absolutumque ab omni dominio Lulli episcopi ad coenobium Fuldae ... ire praecepit et (wohl besser: ut) cum suo privilegio, quod beatus Zacharias papa summus apostolicae sedis pontifex dudum s. tradidit Bonifacio, monasterium regeret, quod privilegium usque hodie in monasterio fratres conservatum habent; quod etiam causam suam et monasterii defensionem a nullo alio quaereret nisi a rege imperavit (die andere Lesart dieser Stelle ist entschieden zu verwerfen); accepta a domino rego potestate cum privilegio supradicto, quod de manu regis acceperat, ad suum perrexit coenobium. Dies die Erzählung. Sie ist aller Wahrscheinlichkeit nach parteiisch, dem Bischofe und den bischöflichen Bestrebungen, die noch zu Eigil's Zeiten fortdauerten, ungünstig; doch das ist Nebensache.

Vor Allem sagt doch auch Eigil, was wir als feststehend gefunden haben, dass Bonifaz ein Privilegium von P. Zacharias erhalten hat. Aber von einer Bulle für den Abt Sturm, wie sie in Dronke 7 vorliegt, sagt unser Berichterstatter nichts, und das spricht, wie wir ja dieses Stück schon als im höchsten Grade verdächtig kennen lernten, stark dagegen, dass auch Sturm eine solche Urkunde erhalten. Indem nun nur das Privilegium für Bonifacius erwähnt wird, bleibt es zweifelhaft, ist aber auch von untergeordneter Bedeutung, ob als der Abt in's Exil geschickt wurde, ihm diese Bulle abgenommen und dann bei der Begnadigung das Originalstück zurückgestellt wurde, oder ob es sich da nur um eine Copie oder Bestätigung für die wieder ertheilten Rechte handelt; jedenfalls genoss das Kloster seit der Rückkehr des Abtes wieder sein altes Privilegium. Aber was enthielt nun dasselbe? Gewiss nicht was Dronke 4ª besagt, so raisonnirt auch noch Rettberg, denn sonst würde man diese Rechte damals geltend gemacht und sich der Einmischung des Ortsbischofs widersetzt haben. Hier eben verkennt man, wie oft in dieser Zeit Gewalt vor Recht ging und dass auch die Bulle eines Papstes und die Bestätigung des Königs oft nur unwirksame Schutzmittel blieben. Indem Sturm mit Recht oder mit Unrecht beim Könige verdächtigt, in die Verbannung wandern musste, war Fulda trotz seines Privilegiums Preis gegeben und hatte Lullus freies Spiel: er liess sich von Pippin die Stiftung seines Vorgängers schenken und nahm sie in sein Dominium. Wie stand es mit diesem zuvor? Die nach Eigil von Carlomann zugesagte Defension mag immerhin Schutz im engeren Sinne gewesen sein und noch fortbestanden haben, als das Eigenthumsrecht an Bonifacius übergegangen war. In jedem Falle hörte die besondere Defension auf, als durch das päpstliche Privilegium jede Jurisdiction des Bischofs und auch jedes Eigenthumsrecht desselben an dem Kloster bischöflicher Stiftung ausgeschlossen und Fulda zu einem unabhängigen Kloster erklärt wurde. Diese Qualität verlor es dann aber durch die widerrechtliche Vergabung des Königs an Lullus. Es ist nur das geringere und die Consequenz von jenem, dass der Bischof nun auch wieder die Jurisdiction über Fulda ausübte, ihm einen Abt vorsetzte, dann die Wahl eines anderen gestattete [1]). Diese ganze Darstellung des Eigil kann und wird richtig sein, ohne im geringsten die Echtheit der früher ertheilten Bulle in Frage zu stellen. Es passt ferner dazu vollständig was folgt: indem das Kloster dem begnadigten Sturm wieder übertragen wird, wird einerseits Lullus das Dominium abgesprochen, andererseits durch Rückgabe und Wiederanerkennung des päpstlichen Privilegiums das Kloster auch wieder von der Jurisdiction und Ordinariatsgewalt des Bischofs exinirt. Insofern dieser mehrfache Wechsel auch das Verfügungsrecht über die Güter von Fulda berührt, findet er auch in einigen Urkunden seine Bestätigung [2]). So lösen sich die vermeintlichen Widersprüche zwischen

---

[1]) Wenn Rettberg sich wundert, dass Eigil keine Distinction zwischen Aufsichts- und Eigenthumsrecht macht, so erklärt sich das einfach so, dass doch die Unabhängigkeit für das Kloster das Wichtigste war: desshalb stellt Eigil das Dominium in den Vordergrund, weiss aber dann doch das weitere Rechte enthaltende Privilegium wohl zu schätzen.

[2]) Rettberg I, 611—616, wo aber zweierlei zu berichten ist. Der Schluss, dass die Urkunden, welche keinen Abt namhaft machen und in Mainz ausgestellt sind, durch des Lullus Hände gegangen sein sollen, ist unrichtig. Keine Fulder charta pagensis bis 762 nennt einen Abt: dergleichen findet sich doch auch ander-

Eigil's Erzählung und dem zuvor aus den Urkunden gewonnenen Ergebnisse, und es bleiben nur noch die letzten Worte unseres Berichterstatters zu erklären, dass Fuld fortan nur noch vom König Defension erhalten soll. Dass das Kloster in besonderem Schutze des Königs gestanden habe, wird durch keine Urkunde, durch keine andere Nachricht bezeugt. Also wird Eigil das Wort in dem zu seiner Zeit gewöhnlichen Sinne gebraucht haben: Fulda sollte nach Pippin's Entscheidung, das war den vom Bischof erhobenen und eine Zeit lang geltend gemachten Ansprüchen gegenüber zu betonen, in Niemandes Dominium stehen, stand also auch in Niemandes besonderem Mundium, sondern war unabhängig und hatte nur, wie andere Stiftungen dieser Qualität, den König als obersten Schirmherrn der Kirche zu seinem Defensor.

---

wärts, kann aber allerdings auch auf streitiges Dominium hinweisen. In Mainz und von dem dortigen Amanuensis Wolframmus werden eben Urkunden über in Mainz abgeschlossene Rechtsgeschäfte aufgesetzt; zu gleicher Zeit begegnen aber an anderen Orten andere an diesen ansässige Notare; andererseits schreibt derselbe Wolframmus auch noch später, als Sturm bereits wieder eingesetzt war, Urkunden wie Dronke 36. 40. 45 für Fulda. Sein Name also beweist nichts. Nur in D. 8 und 26 wird bestimmt gesagt, wie denn auch Dronke traditiones cap. 3, 42. 43 bestätigt, dass Lullus für das Kloster urkundet; beide Stücke gehören aber in dieselbe Zeit, in den August 763, indem in D. 8 zu emendiren ist: anno XII. — Die Daten der Urkunden sind überhaupt von Dronke, dem darin Rettberg folgt, falsch angesetzt: es ist gar kein Grund vorhanden, für die Zählung der Jahre Pippin's in dieser Gegend eine andere Epoche als die vom Herbst 751 anzunehmen. Ordnet man aber nach dieser Epoche die Urkunden, so ergeben sich auch für die Stücke, in denen Sturm als Abt vorkommt, andere Jahre. Er erscheint zuerst in D. 24 vom Herbst 762 oder von 763, dann zuerst wieder in D. 29 vom Mai 765. Dazwischen fallen die von Lullus abgeschlossenen Kaufgeschäfte, so dass wir Sturm's Verbannung am füglichsten 763—765 setzen. Das entspricht auch besser der Erzählung Eigil's, denn er lässt die Streitigkeiten zwischen dem Bischof und Abt gleich nach der Translation der Gebeine des Bonifacius, d. h. im Spätsommer 754 beginnen, und andererseits, wenn wir seinen Bericht mit der zu 760 gehörigen und Umstadt betreffenden Schenkung Pippin's an Fulda zusammenhalten, so war Sturm in diesem Jahre schon begnadigt und in das Kloster zurückgekehrt. Dass weder diese königliche Urkunde noch die vom Juni 760 den Abt des Klosters namhaft machen, erregt kein Bedenken; auch die drei Diplome für Prüm in Beyer Nr. 10, 15, 18 führen den Abt nicht an.